III

Albert Bichler

Feste und Bräuche

Mit Kindern feiern

Illustrationen von
Irmgard Paule

Die Deutsche Bibliothek – CIP-Einheitsaufnahme

Bichler, Albert:
Feste und Bräuche : mit Kindern feiern / Albert Bichler. [Ill.:
Irmgard Paule]. – München : F. Schneider, 1997
   ISBN 3-505-10350-0

© 1997 by Franz Schneider Verlag GmbH
Schleißheimer Straße 267, 80809 München
Alle Rechte vorbehalten
Titelbild und Illustrationen: Irmgard Paule
Umschlaggestaltung: ART-DESIGN WOLFRATH, München
Lektorat: Renate Navé
Herstellung: Alfred Lahner
Satz: Hans Buchwieser GmbH, München
Druck: Presse-Druck, Augsburg
Bindung: Conzella Urban Meister, München-Dornach
ISBN 3-505-10350-0

Inhalt

Liebe Kinder,

über einen Anlass zum Feiern freut man sich immer. Ihr vor allem habt euren ganz besonderen Spaß daran, wenn es etwas zu feiern gibt. Aber gibt es nicht viel zu selten Gelegenheit zum Feiern? Dieses Buch möchte euch zeigen, dass es viel mehr Feste gibt als ihr vielleicht meint. Feste sind Höhepunkte im Jahreslauf, die den Alltagstrott angenehm unterbrechen.

Alle Feste, auf die euch das Buch hinweisen möchte, werden noch viel schöner, wenn man sie mit Bräuchen feiert. Es sind alte, aber auch neuere Bräuche, die uns den Sinn der Feste erst verständlich machen. Und nur wenn man auch versteht, was man feiert, macht das Feiern richtig Freude.

Bräuche gibt es überall, in der Stadt wie auf dem Land. Manche Bräuche sind überall fast gleich, manche unterscheiden sich. Es war natürlich nicht möglich, alle Bräuche in einem kleinen Buch darzustellen. Viele darin werdet ihr bereits kennen, manche hingegen werden euch fremd sein.

Zu allen Festen und ihren Bräuchen findet ihr kurze Informationen und eine Auswahl von Geschichten, Gedichten und Liedern sowie Bastelanleitungen und Rätsel. Ihr habt viel zu tun, wenn ihr auf diese Weise die Feste des Jahres vorbereitet und feiert. Vieles könnt ihr gemeinsam in der Familie, in der Schule oder mit Freunden machen.

Ich wünsche euch schon jetzt viel Spaß und Freude.

Albert Bichler

Ein neues Jahr beginnt

Ein gutes neues Jahr!

Nach dem römischen Kalender beginnt bei uns das neue Jahr am 1. Januar. Dieses Datum setzte der große Staatsmann Julius Caesar 450 vor Christi Geburt fest.

Nach altem Brauch treffen sich in der Neujahrsnacht Freunde und Bekannte und feiern gemeinsam den Beginn eines neuen Jahres. Sie begrüßen es mit Jubel, Feuerwerkskörpern und vielen guten Wünschen. Freudig prosten sie sich zu: „Prosit Neujahr!"

Von vielen Kirchtürmen und auf freien Plätzen begrüßen Bläser mit ihren Klängen das neue Jahr. Chöre singen mit feierlichen Gesängen das neue Jahr an.

Am Neujahrsmorgen wünscht man sich Glück und Segen, Gesundheit und Erfolg.

Zu diesen Neujahrswünschen sagt man in Bayern „das Neujahr abgewinnen". Darunter versteht man, dass die Kinder allen in der Familie ein gutes neues Jahr wünschen.

In vielen Gegenden bekamen sie früher dafür von ihren Taufpaten Geschenke. Die Kinder zogen auch von Haus zu Haus und sagten Glückwünsche auf oder sangen Neujahrslieder.

11

Neujahrswünsche schreiben

Gute Wünsche zum neuen Jahr übermitteln wir heute besonders gern über das Telefon. Früher hingegen war es Brauch, Neujahrsbriefe zu schreiben. Kinder teilten ihren Eltern in einem Brief ihre Glückwünsche zum neuen Jahr mit und legten diesen auf den Frühstückstisch.

Die Wünsche waren oft in gereimter Form verfasst und wurden in Schönschrift geschrieben. Dafür erhielten die Kinder kleine Geschenke.

> So klein ich bin, so wünsch' ich doch,
> wie gute Kinder pflegen,
> Papa! Mama! zum neuen Jahr
> Gesundheit, Glück und Segen.

> Ich bin so froh, dass ich euch hab',
> und wünsch mit Herz und Mund
> zum neuen Jahr
> Gesundheit, Glück und Segen.

Gebackene Neujahrswünsche

Früher schenkten die Taufpaten ihren Patenkindern zum neuen Jahr gebackene Glückwünsche. Das war zu Bildern geformtes Backwerk. Damit wollte man Glück und Segen wünschen und Unglück und Krankheit fern halten.

Beliebte *Bildbrote* waren Brezeln und Kringeln, Zopf, Sterne und Hufeisen.

Bestimmt kannst auch du anderen eine Freude machen, wenn du deine Neujahrsglückwünsche in gebackener Form ausdrückst.

Brezel

Lass dir von deiner Mutter einen Hefeteig bereiten. Rolle aus Teigstückchen kleine, nicht zu dünne Stränge aus und forme daraus Brezeln.

Zopf

Rolle aus drei Teigstückchen drei gleich lange Stränge aus. Lege sie nebeneinander und flechte daraus einen kleinen Zopf. Damit er schön glänzt, bestreiche ihn vor dem Backen mit Eigelb.

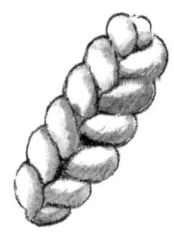

Hufeisen

Forme eine Teigstrang von etwa 30 cm Länge auf dem Backblech zu einem Hufeisen. Drücke nun in den Teig 12 Rosinen für die Monate des Jahres.

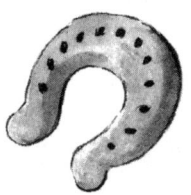

Damit es ein gutes Jahr wird

Am Neujahrstag beginnt ein neuer Zeitabschnitt. Da hat ein jeder Hoffnungen und Erwartungen an das neue Jahr. Wird es alle Wünsche erfüllen? Wird es ein gutes Jahr werden?

Deshalb haben die Menschen schon immer das neue Jahr auch mit Ängsten und Sorgen begonnen. So achtete man darauf, am Neujahrstag frische Wäsche und Kleidung anzuziehen. Und man sollte nur frisch gewaschen aus dem Haus gehen.

Im Erzgebirge war man bestrebt ja nichts falsch anzuziehen. Denn man glaubte, dass sonst im neuen Jahr alles verkehrt geht.

Man war auch überzeugt davon, dass man das ganze Jahr Unfrieden hat, wenn man das neue Jahr mit einem Streit beginnt. Am Neujahrstag sollten auch möglichst viele und gute Speisen auf den Tisch kommen, damit man im neuen Jahr nie hungern muss.

Damit es ein gutes, glückliches Jahr wird, tauschen wir mit Freunden und Bekannten viele Glückwünsche aus. Wir tun das persönlich, schreiben Karten und Briefe und telefonieren. Und wir glauben, dass wir auch mit Glückszeichen zu einem guten Jahr verhelfen können. Die bekanntesten sind:

Marzipanschwein
vierblättriges Kleeblatt
Hufeisen
Kaminkehrer

Der neue Kalender

Ein neues Jahr bringt uns auch einen neuen Kalender. Er hilft uns die Monate, Wochen und Tage einzuteilen und sagt uns, wann die wichtigsten Feste sind.

Es gibt eine große Auswahl an Kalendern: Tages-, Wochen-, Monatskalender, Abreißkalender, Terminkalender, Taschenkalender und noch viele mehr.

Du kannst dir selbst einen schönen Kalender machen oder jemandem eine Freude damit bereiten.

Besorge dir 12 weiße Kartonblätter (DIN-A4) und zeichne zu jedem Monat ein zur Jahreszeit passendes Bild. Du kannst aber auch einen Brauch des jeweiligen Monats darstellen.

Bauern- und Wetterregeln zu Neujahr

Die Neujahrsnacht still und klar,
deutet auf ein gutes Jahr.

Wenn an Neujahr die Sonne lacht,
gibt's Fisch in Fluss und Bach.

Fest der Heiligen Drei Könige

„Als Jesus in den Tagen des Königs Herodes in Bethlehem geboren war, kamen Weise aus dem Morgenland nach Jerusalem und fragten: ‚Wo ist der neugeborene König der Juden? Wir haben seinen Stern im Morgenland gesehen und sind gekommen, ihn anzubeten.‘ "

So berichtet uns der Evangelist Matthäus von der Ankunft von drei weisen Männern, die das neugeborene Jesuskind sehen wollten. Ihre Namen waren Kaspar, Melchior und Balthasar. Geführt wurden sie von einem Stern, der immer vor ihnen herzog.

Als sie nach Jerusalem kamen, fragten sie den mächtigen, gefürchteten König Herodes nach dem göttlichen Kind. Über diese Nachricht erschrak dieser sehr, denn er wollte keinen Rivalen neben sich dulden. Voller Falschheit gebot er den unbekannten Männern: „Sucht das Kind und berichtet mir, damit ich es auch anbeten kann."

Der Stern führte die drei Weisen nach Bethlehem und blieb dort stehen, wo sie das neugeborene Kind mit den Eltern Maria und Josef fanden. Sie brachten ihm königliche Geschenke: Gold, Weihrauch und Myrre.

Wegen der Geschenke hat man die drei Weisen später Könige genannt. Über ihr weiteres Schicksal wis-

sen wir nichts. Ihre Gebeine ruhen seit 800 Jahren im Kölner Dom in einem überaus kostbaren Schrein aus Gold und Edelsteinen.

Die drei Könige werden nicht nur in Köln verehrt. Die Reisenden und Pilger erwählten sie zu ihren Schutzpatronen. Viele Gasthäuser tragen ihren Namen: „Zur Krone", „Zum Stern" oder „Zum Mohren".

Sternsinger kommen ins Haus

Die Geschichte von den drei Königen hat den Menschen schon immer gefallen, vielleicht auch deshalb, weil einer von den Magiern dunkelhäutig war. Es soll der König Kaspar gewesen sein.

Weil die drei Könige so beliebt waren, dachte man sich früher Dreikönigsspiele aus. Daran erinnert uns noch der Brauch der Sternsinger. Das sind als Könige verkleidete Kinder. Ihnen voran wird ein großer Stern getragen.

Die Sternsinger gehen in den Tagen um Dreikönig von Haus zu Haus, singen Lieder und schreiben mit weißer Kreide einen alten Segensspruch an die Tür:

19 C + M + B 97

Das ist ein abgekürzter lateinischer Spruch: **Christus Mansionem Benedicat.** Das heißt: Christus segne dieses Haus!

Die Leute haben diese Abkürzungen meist als die Anfangsbuchstaben von Caspar, Melchior und Balthasar verstanden.

Für ihren Besuch bekommen die Sternsinger meist Geld, das für Not leidende Kinder in aller Welt bestimmt ist. Lediglich Süßigkeiten, die sie geschenkt bekommen, behalten die Sternsinger für sich.

Königskronen für Sternsinger

Schneide aus Pappe eine Schablone mit den Zacken aus, die deine Krone haben soll. Lege nun diese Schablone mehrmals auf einen Zeichenkarton, bis du einen Zackenstreifen von etwa 60 cm hast.

Schneide den ganzen Streifen aus dem Karton aus, umklebe ihn außen mit Goldpapier und passe ihn deiner Kopfgröße an. Mit Büroklammern, einem Heftapparat oder Kleber kannst du den Streifen schließen.

Königskuchen am Dreikönigstag

In vielen Gegenden gibt es am Dreikönigstag einen *Königskuchen*, den man auch *Bohnenkuchen* nennt.

Zuerst wird ein Hefeteig hergestellt (lass dir dabei

von deiner Mutter helfen), der dann gemeinsam in mehrere Kugeln aufgeteilt wird.

Nun legt die Mutter heimlich in eine der Kugeln eine schwarze Bohne oder auch eine Münze. Davon darf aber niemand etwas erfahren.

Nach dem Backen bekommt jedes Kind ein Stück oder eine Kugel vom Kuchen zugeteilt.

Und nun wird's spannend! Wer in seinem Stück die schwarze Bohne oder die Münze findet, ist der Bohnenkönig. Man kann daneben in eine zweite Teigkugel eine weiße Bohne hineinlegen. Dann gibt's auch eine Bohnenkönigin. König und Königin bestimmen nun ihren Hofstaat und lassen sich von den anderen bedienen.

Ausräuchern am Dreikönigstag

In Bayern und Österreich werden auf dem Land am Vorabend von Dreikönig noch einmal das Haus, die Ställe und Scheunen mit Weihrauch ausgeräuchert, der auf glühende Holzkohle gelegt wird.

Der Rauch soll alles Böse, Krankheit und Unglück von Haus und Hof fern halten. Die Dreikönigsnacht ist die letzte Raunacht in der Weihnachtszeit.

Närrische Zeit

Faschingszeit – Narrenzeit

Jedes Jahr im Januar, bald nach Dreikönig, beginnt die närrische Zeit. Man kennt sie als Karneval, Fasching oder auch Fastnacht.

Ihren Höhepunkt erreicht die Narrenzeit alljährlich im Februar. Besonders bunt treiben's die Narren in den letzten sechs Tagen vor dem Aschermittwoch. Da gehen sie auf die Straßen und Plätze und stellen vieles auf den Kopf.

Richtige Narren denken sich jedes Jahr eine neue Verkleidung aus, damit niemand sie erkennt.

Die Masken sind lustig, manchmal auch furchterregend, weil die Narren mit Schellen, Glocken, Peitschen und Musikinstrumenten einen gewaltigen Lärm machen. Damit wollte man in früherer Zeit die bösen Geister des Winters vertreiben. So wurde das Maskentreiben zum Winteraustreiben.

Mit dem Lärm wollte man die Wärme und die Fruchtbarkeit wecken. Das kann man noch erleben in einem Brauch, der jedes Jahr im Rupertiwinkel (bei Tittmoning an der Salzburger Grenze) durchgeführt wird. Es ist das *Aperschnalzen*.

Mit langen Geißeln („Goaßln") veranstalten die Burschen in einem Wettbewerb einen Höllenlärm um den

Winter zu verjagen und das neue Wachstum zu wecken. Die Wiesen sollen wieder schneefrei (= aper) werden.

Weil das Unsinnmachen in der Gemeinschaft mehr Spaß macht, schließen sich die Narren zusammen und veranstalten Umzüge. Besonders prächtig sind die Rosenmontagsumzüge in Mainz, Düsseldorf und Köln. Bestimmt gibt es auch bei euch solche Narrenzüge.

Die närrischen Tage beginnen mit dem Donnerstag vor dem Faschingssonntag. Das ist der „Unsinnige" oder auch „Fette Donnerstag". Auf den „Unsinnigen Donnerstag" folgt der „Rußige Freitag". An diesem Tag dürfen Jungen und Mädchen sich gegenseitig an der Backe mit Ruß beschmieren.

Am „Schmalzigen Samstag" werden Schmalznudeln, Krapfen und Ausgezogene gebacken.

Am Faschingssonntag finden in Stadt und Land närrische Umzüge statt. Im Rheinland werden sie am Rosenmontag durchgeführt.

In Süddeutschland und Österreich sind alle Narren am Faschingsdienstag, auch Fasenacht oder Fastnacht genannt, zum letzten Mal auf den Beinen.

Um Mitternacht endet überall die närrische Zeit. Eine Ausnahme gibt's nur in der Schweizer Stadt Basel. Hier ziehen am darauf folgenden Montag die Narren im Morgengrauen durch die Stadt. Das ist der „Basler Morgenstreich".

Faschingskrapfen

Du brauchst dazu:

500 g Mehl, 1/4 l Milch, 40 g Zucker, 70 g Butter, 1 Prise Salz, 1 Esslöffel Rum, 20 g Hefe, 5 Eidotter, etwas Zitronenschale.

Und so wird's gemacht:

Rühre Butter, Eidotter und Zucker schaumig. Vermenge die Hefe, die in etwas lauwarmer Milch aufgeweicht wurde und aufgegangen ist, mit der restlichen Milch und schlage daraus einen weichen Teig.

Lass den Teig an einem warmen Ort 20 Minuten lang zugedeckt gehen und rolle ihn danach fingerdick auf einem bemehlten Brett aus.

Stich mit einer runden Form oder mit einem Glas (10 cm Durchmesser) den Teig aus.

Fülle einen Teil der runden Teigteile mit etwas Marmelade (nicht flüssig) und bedecke und verklebe ihn dann mit dem anderen Teigteil. Lass nun den Teig nochmals 20 Minuten gehen.

Backe die Krapfen in heißem Fett hellgelb heraus, lass sie auf Küchenpapier abtropfen und bestreue sie mit Puderzucker.

Ein Faschingsfest daheim

Wer sich keine großen Gedanken machen will, besucht ein von Erwachsenen organisiertes Faschingsfest, z. B. einen Kinderball.

Viel mehr Spaß macht es freilich, wenn man selbst ein Fest plant und vorbereitet. Natürlich muss man da vorher einige Ideen haben.

Damit alle, die du zu deinem Fest einlädst, etwas beitragen können, sollte es ein Motto haben.

Hier einige Vorschläge:

- Im Märchenland
- Tausend und eine Nacht
- Im Gespensterschloss
- Im Zirkus
- Eine Modenschau
- Eine Faschingshochzeit
- Eine Seefahrt, die ist lustig

Alle, die zu deinem Fest kommen, müssen sich nach dem jeweiligen Motto kleiden. Das musst du auch auf deiner Einladungskarte mitteilen.

Wenn du selbst zu einem Faschingsfest eingeladen bist, solltest du dich vorher erkundigen, unter welchem Motto es steht.

Verkleiden macht Spaß

Denk dir selbst eine Verkleidung aus! Dazu musst du nicht unbedingt viel Geld ausgeben. Oft genügen schon ein flotter Hut, eine Krawatte, eine Schleife, eine Handtasche, Stöckelschuhe, Stoffreste.

Schau doch einmal in den Kleiderschrank deiner Eltern und Großeltern. Ansonsten brauchst du nur Ideen.

Gut verkleiden kannst du dich mit Tüchern und Stoffresten, die du bemalen darfst. Eine Jacke von deinem Vater, der Bademantel von deiner Mutter, dazu eine Jeans, verziert mit bunten Stoffresten: und schon hast du ein tolles Kostüm.

Zur Fastnachtszeit, zur Fastnachtszeit,
da gibt's nur Scherz und Fröhlichkeit.
Und wer nicht froh sein mag beim Schmaus,
der bleib am besten gleich zu Haus.
Wo sich die Freude blicken lässt,
da halten wir sie fest,
denn fröhlich sein in Ehren,
soll keiner uns verwehren.   *Volksgut*

Damit's nicht langweilig wird: Faschingsspiele

Lügengeschichten

Jedes Kind, das du zum Faschingsfest eingeladen hast, soll als „Geschenk" eine Geschichte mitbringen, die ziemlich erlogen ist und vorgelesen wird.

Zum Geschichtenvorlesen sitzen alle Kinder im Kreis zusammen.

Der Erzähler setzt sich mit einem Zylinder auf dem Kopf in die Mitte und liest seine Geschichte vor. Anschließend müssen die Zuhörer sagen, was erlogen war.

Wer etwas richtig erkannt hat, bekommt einen Punkt oder einen kleinen Preis.

Scherzfragen und Rätsel

Bestimmt hast du ein Buch mit solchen Fragen oder kannst dir eines aus der Bücherei besorgen.

Ein paar Fragen will ich dir verraten:

- Welche Vögel legen keine Eier? (Vogelmännchen)
- Soll man den Kaffee in der Tasse mit der rechten oder mit der linken Hand umrühren? (Weder das eine noch das andere. Man nimmt einen Löffel.)
- Welches Futter frisst kein Gaul? (Mantelfutter)

Schlapphut

Alle Gäste tanzen zur Musik. Dabei wird ein Hut herumgereicht.

Jeder, dem er aufgesetzt wird, versucht ihn wieder loszuwerden.

Wenn plötzlich die Musik aussetzt, muss derjenige ausscheiden, der gerade den Hut hat.

Am Aschermittwoch beginnt die Fastenzeit

Nach den tollen Tagen des Karnevals folgt jedes Jahr der Aschermittwoch. Manchmal fällt er in die letzten Februartage, manchmal in die ersten Märztage. Das

richtet sich immer nach dem Ostertermin. Der Aschermittwoch ist stets 40 Tage vor Ostern.

Am Aschermittwoch lassen sich die Katholiken in den Kirchen vom Priester geweihte Asche auf die Stirn streuen. Die Asche soll daran erinnern, dass unser Leben kurz und vergänglich ist.

Mit dem Aschermittwoch beginnt die Fastenzeit, die am Ostersonntag endet.

In der Fastenzeit verzichtete man früher auf gutes Essen und Trinken. Heute will uns die Fastenzeit auffordern, uns um Menschen in Not zu kümmern.

Funkenfeuer gegen den Winter

Am Sonntag nach dem Aschermittwoch werden an vielen Orten im Allgäu große Scheiterhaufen errichtet und bei Einbruch der Dunkelheit entzündet.

In der Mitte der Scheiterhaufen steckt eine lange Stange, an der eine Strohpuppe hängt. Diese Strohpuppe soll den Winter verkörpern.

Wenn die Flammen in den nächtlichen Himmel lodern, freuen sich die vielen Zuschauer, die mit brennenden Fackeln um das Feuer stehen. Keiner trauert dem Winter nach, der hier verbrannt wird. Denn mit

dem Funkenfeuer wollen die Allgäuer den Winter vertreiben.

Vielleicht gibt es auch in deiner Heimat ein solches Frühlingsfeuer. Wie nennt man es bei euch? Erkundige dich!

Aufpassen: 1. April!

Bestimmt kennst du den Brauch, jemanden „in den April zu schicken".

Das kann ein Freund oder ein Bekannter sein, den man auffordert etwas zu überbringen oder irgendwo etwas abzuholen. Darum musst du aufpassen, dass dich niemand hereinlegt! Denn ehe man sich's versieht,

wird man am 1. April gefoppt. Natürlich darf man sich solche Schwindeleien nur am 1. April erlauben.

Nach altem Volksglauben ist an dem ganzen Unsinn-machen am 1. April der Judas schuld. Judas war ein Jünger von Jesus und hat diesen an die Hohen Priester der Juden verraten. Und dieser Judas wurde angeblich an einem 1. April geboren. Das ist der Grund, warum dieser Tag auch als Unglückstag gilt.

Das alles musst du natürlich nicht glauben. Pass nur auf, dass dich dein Freund oder dein Lehrer nicht in den April schickt! Lass dich auch nicht von deinen Eltern in die Apotheke schicken um eine Packung „Ibindumm" zu holen!

An diesem Tag darfst du nicht jedem alles glauben. Sei vorsichtig, wenn dich wer um Taubenmilch oder Krebsblut schicken will oder dich bittet: „Frag mal beim Nachbarn, ob er uns seine Graszange leiht!"

Bauern- und Wetterregeln für den April

April nass und kalt,
wächst das Korn wie ein Wald.

Aprilwetter und Kartenglück
wechseln jeden Augenblick.

Ostern –
Fest des neuen Lebens

2 10350-4

Der Palmesel am Palmsonntag

Der Palmsonntag ist der letzte Sonntag vor Ostern. Er erinnert daran, dass Jesus vor seinem Leiden auf einem Esel reitend in Jerusalem eingezogen ist. Die Menschen jubelten ihm zu und riefen „Hosianna! Hochgelobt seist du!" und schwenkten Palmzweige.

Dieses Geschehen hat man bereits vor tausend Jahren in einem Spiel dargestellt.

Man zog mit einem hölzernen Esel, auf den man eine Christusfigur setzte, durch die Stadt.

Diesen Brauch gibt es heute nur noch an wenigen Orten. In Heimatmuseen findet man noch vereinzelt hölzerne Palmesel.

Erhalten hat sich bis heute aber eine Redeweise vom Palmesel: Wer am Palmsonntag in der Frühe als Letzter aus den Federn kommt, wird als Palmesel verlacht.

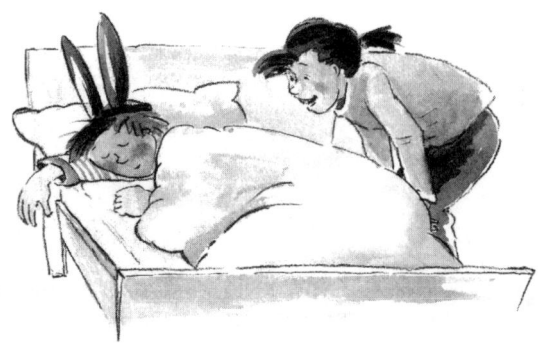

Zum Palmsonntag gehören die Palmzweige.

Da bei uns aber keine Palmen gedeihen, behilft man sich mit Weidenkätzchen. Das sind Zweige von der Salweide. Und diese Zweige bindet man zu einem Palmbuschen zusammen. Nach altem Brauch wird dieser am Palmsonntag in den katholischen Kirchen feierlich geweiht. Die geweihten Palmzweige werden in Ehren gehalten und gut aufbewahrt.

Man steckt sie an das Kreuz in der Wohnung. Die Bauern bringen einen Zweig auch in den Stall und in die Scheune, ja sogar aufs Feld. Denn Palmzweige sollen Unwetter und Krankheit abhalten und Glück und Fruchtbarkeit bringen.

Bauern- und Wetterregel zum Palmsonntag

Palmen im Klee,
Ostern im Schnee.

Wir binden einen Palmbuschen

Du brauchst dazu:
einen größeren Strauß Palmzweige, die nicht zu kurz geschnitten sind. Zu den Palmzweigen kannst du noch ein paar Zweige vom Immergrün, Buchsbaum oder Wacholder dazugeben.

Und so wird's gemacht:
Binde alle Zweige mit Blumendraht oder einer dünnen Schnur fest zusammen. Nun kannst du die Zweige mit bunten Schleifen und Bändern aus Stoff oder Krepppapierstreifen und mit kleinen Brezen behängen.

Recht schön ist es, wenn du in die Mitte deines Palmbuschens auf einen dünnen Stock ein Osterei steckst.

In Bayern und Österreich werden in vielen Gegenden die Palmbüschel an Stöcke gebunden, die über fünf Meter lang sein können.

So werden sie auch zum Segnen in die Kirche getragen.

Warum feiern wir Ostern?

Ostern ist das älteste und höchste Fest der Christen, denn Jesus ist nach seinem Tod am Kreuz nicht im Grab geblieben, sondern ist nach den Berichten seiner Apostel vom Tode auferstanden. Das erfüllte alle mit größter Freude. Deshalb ist Ostern seit 2000 Jahren das Fest der Auferstehung.

Ostern ist das Fest des neuen Lebens. Das erleben wir jedes Jahr, wenn im Frühling in den Gärten, auf den Wiesen und Feldern neues Leben zu grünen und zu blühen beginnt.

Ein Zeichen der Osterfreude ist auch das Feuer, das in der Osternacht auf Bergen und Hügeln und vor Kirchen entzündet wird. Es erhellt die dunkle Nacht, es ist uns ein Zeichen der Hoffnung.

Schon immer hat man dem Osterfeuer eine besondere Segenskraft zugesprochen. Deshalb holt man es sich nach Hause und entflammt damit die Osterkerze.

Das Osterfeuer und die Osterkerze sind ein Sinnbild der Auferstehung Christi.

Ostereier vom Osterhasen

Hast du dich nicht auch schon einmal darüber gewundert: Ein Hase legt die Ostereier ins Nest? In manchen Gegenden übernimmt diese Aufgabe gar der Gockel. Im Elsass in Frankreich glauben die Kinder, dass sie dem Storch die Ostereier zu verdanken haben.

Warum bringt bei uns ein Hase und keine Henne die Ostereier? Genau kann man sich das nicht erklären.

Man weiß nur, dass der Hase schon bei den alten Griechen und Römern ein Sinnbild der Fruchtbarkeit war. Denn der Hase bringt bereits im Frühjahr die ersten Jungen zur Welt und vermehrt sich sehr stark.

Den Brauch, Eier zum Osterfest zu bemalen und zu färben, kennt man seit dem Mittelalter, also seit etwa tausend Jahren. Die Menschen haben sich immer wieder neue Techniken ausgedacht um die Eier recht schön zu verzieren.

So kann man sie nicht nur einfach bemalen, sondern auch mit Stoff, Spitzen und Borten bekleben und vielerlei Muster in die farbige Oberfläche kratzen.

Man kann auch, wie das früher sehr beliebt war, auf ein Ei einen kleinen Spruch schreiben, der den anderen erfreut, einen Spruch, der ihm zeigt, dass man ihn gern hat.

Ostereier sind immer ein beliebtes Geschenk. Bestimmt kannst du damit lieben Menschen eine Freude machen.

Osterbrunnen und Osterbaum

In der Fränkischen Schweiz in Oberfranken werden in der Woche vor Ostern alljährlich die alten Dorfbrunnen mit grünen Bäumchen und unzähligen Ostereiern geschmückt. Das ist ein Ausdruck der Freude darüber, dass die Brunnen nach dem kalten Winter wieder Wasser spenden. Und Wasser ist ja ein Symbol des Lebens, ebenso wie die Ostereier.

Ein Symbol des Lebens ist auch der Baum. Er erwacht jedes Frühjahr zu neuem Leben. Wo es keinen Brunnen gibt, kann man daher in der vorösterlichen Zeit auch einen Baum schmücken, der nicht allzu groß sein darf (bis 3 Meter).

Da das Schmücken eines Baumes nicht einfach ist, sollen alle in der Familie, aber auch Freunde und Bekannte mithelfen.

Besorge dir in einem Bastelgeschäft viele Plastikeier. Die Menge richtet sich nach der Größe des Baumes. Lass dir wegen der Verletzungsgefahr von einem Erwachsenen in die beiden Enden eines jeden Eies ein kleines Loch stechen, durch das man später einen Draht durchziehen kann.

Fülle nun in einen kleinen Becher Wasser und gib einige Tropfen wasserfester Eierfarben (im Bastelgeschäft erhältlich) dazu. Jetzt musst du jedes Ei an einen

dünnen hölzernen Schaschlik-Spieß stecken und es unter Drehen langsam in das Wasser tauchen.

Wenn du das Ei wieder herausziehst, hat es die Farben des Wassers angenommen. Nun muss jedes Ei am Spieß trocknen.

Die gefärbten Eier werden auf einen langen Draht aufgefädelt, so dass lange Girlanden entstehen. Man kann die Eier aber auch an Bändern aufhängen.

Zuletzt werden die Girlanden und Bänder mit den Eiern an einem Baum oder Strauch befestigt.

Ostersaat

Wenn du schon zwei Wochen vor Ostern daran denkst, kann der Osterhase seine Eier in frisches Frühlingsgras legen.

Und so wird's gemacht:
Fülle in einen großen, flachen Teller Garten- oder Blumenerde und streue darüber ziemlich dicht Weizenkörner (zu bekommen in Samengeschäften oder bei einem Bauern).

Drücke die Körner mit der flachen Hand leicht in das Erdreich und gieße mit der Brause einer Gießkanne reichlich, aber nicht zu viel Wasser darüber. Die Erde soll gut befeuchtet sein.

Die Schale soll in den nächsten Wochen an einem warmen, hellen Platz (Fensterbrett über der Heizung) stehen. Jeden Tag gießen und die Erde immer feucht halten.

Schon nach wenigen Tagen beginnen die Körner zu keimen. Bis Ostern ist ein Gras von etwa 10 cm Länge gewachsen.

Mit dem Ostergras erleben wir ein kleines Wunder: Aus kleinen, harten Körnern sprießt neues Leben.

Seht, was sitzt denn dort im Gras!
Ist das nicht der Osterhas?

Guckt mit seinem langen Ohr
aus dem grünen Nest hervor.

Hüpft mit seinen schnellen Bein'
über Stock und über Stein.

Seht auch her, was in dem Nest
liegt so rund und auch so fest:

Eier, blau und rot gefleckt,
hat er in dem Nest versteckt.

Immer muss er sie verstecken,
sucht drum schnell in allen Ecken.

Osterschmuck für die Wohnung

Besorge dir Birken-, Haselnuss- oder Obstbaumzweige.
Gut eignen sich auch Weidenzweige („Palmkätzchen").

Stelle die Zweige in einen Krug mit Wasser und behänge sie mit ausgeblasenen Eiern, die du selbst gefärbt, bemalt oder dekoriert hast.

Die Ostereier kannst du auch auf einen Holzspieß in einen Blumentopf stecken. In einen Blumentopf, den du mit Sand füllst, kannst du mehrere Eierspieße zu einem Strauß zusammenstecken.

Ostereier-Batiken

Das brauchst du dazu:
Eier, eine Kerze, Wasserfarben

Und so wird's gemacht:
Wasche die Eier mit warmem Wasser und Spülmittel. Stich dann in beide Enden kleine Löcher und blase die Eier aus.

Wasche die ausgeblasenen Eier noch mal vorsichtig und trockne sie ab. Lass nun flüssiges Kerzenwachs auf einige Stellen der Eier tropfen und bemale die freien Stellen mit Wasserfarben.

Nun kommen die bemalten Eier etwa 5–10 Minuten in den vorgewärmten Backofen (auf 150 Grad aufheizen, dann 50 Grad), bis sich das Wachs gut ablöst.

Ostergebäck aus Hefeteig

Es ist ganz leicht, aus Hefeteig *Bildbrote* zu formen.

Und so wird's gemacht:
Bilde aus einem Hefeteig mehrere Teile und rolle sie ziemlich dick aus. Fertige dir Schablonen von einem Hasen oder einem Hahn oder einem großen Ei an, lege sie auf den Teig, umfahre sie mit einem Messer und schneide die Bildbrote aus. Bestreiche sie mit Eigelb, lasse sie noch eine Viertelstunde gehen und backe sie bei 210 Grad 15–20 Minuten heraus.

Viel Freude kannst du mit einem gebackenen *Osternest* machen.

Und so wird's gemacht:
Rolle zwei Teigteile aus und stelle daraus einen kleinen Zopf her, den du zu einem Kranz zusammenfügst.

Lege in die Mitte ein rohes Ei hinein, das mit dem Teig im Backofen gebacken wird. Ersetze nach dem Backen das Ei durch ein gefärbtes Osterei. Und fertig ist ein köstliches Osternest!

Stoffborten-Eier

Das brauchst du dazu:
Etwas Zeichenpapier, farbiges Tonpapier, Klebestift, verschiedene Borten- und Spitzenreste

Und so wird's gemacht:
Zeichne auf ein Zeichenpapier ein Ei als Schablone und schneide es aus.

Lege die Schablone auf verschiedene Tonpapiere, umkreise sie und schneide sie ebenfalls aus.

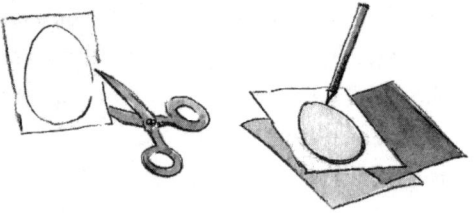

Die Eiformen kannst du nach Wunsch bemalen und mit Borten- und Spitzenresten bekleben.

Klebe nun immer zwei Formen zusammen und umklebe die Ränder eines Eies mit einer Borte. Hänge die fertigen Eier mit einem Garn an einen Osterstrauß.

Eierspiele

Eier kann man nicht nur färben, bemalen und verzieren. Man kann mit ihnen auch Spiele machen.

Ein beliebtes Eierspiel ist das *Eierpecken*.

Dabei schlagen zwei Kinder ihr Ei mit der Spitze so lange gegeneinander, bis eines zerbricht. Dem Sieger gehört dann das zerbrochene Ei oder es wird gemeinsam gegessen.

Auf dem Land erfreut sich das *Eierrollen* großer Beliebtheit.

Die Kinder lassen über zwei schräg gestellte, eng nebeneinander liegende Holzstiele die Ostereier ins Gras kullern. Die Eier können auch über ein schräg gestelltes Brett rollen. Wer dabei ein anderes Ei anpeckt, bekommt Punkte oder gar das Ei.

Viel Spaß macht auch das *Eierwettlaufen*.

Jeder Mitspieler legt ein Osterei auf einen Suppenlöffel. Und damit laufen oder gehen alle auf ein Zeichen hin zu einem festgelegten Ziel.

Wer zuerst mit dem Ei auf dem Löffel ankommt, ist Sieger.

Wir grüßen den Frühling

Allerlei Streiche
in der Walpurgisnacht

Alle freuen wir uns auf den Mai. Doch bevor der schönste Frühlingsmonat bei uns am 1. Mai Einzug halten kann, kommt noch die Walpurgisnacht. Vor ihr haben sich unsere Vorfahren gefürchtet.

Die Walpurgisnacht ist die Nacht vom 30. April zum 1. Mai.

In dieser Nacht treiben nach altem Volksglauben die Hexen und Druden kurz vor dem Ende des Winters ihr Unwesen.

Die bösen Wintergeister haben die Menschen in Furcht und Schrecken versetzt. Um sie zu vertreiben zündete man auf Feldern und Hügeln „Hexenfeuer" an. Man stellte sich nämlich die Wintergeister als Hexen vor und glaubte, dass sie in der Nacht vor dem 1. Mai zu einem letzten Hexentanz zusammenkommen.

Um sich vor den Hexen zu schützen dachten sich die Menschen allerlei Dinge aus.

So zogen früher in Franken die Burschen in dieser Nacht Peitschen knallend durch die Straßen und wollten mit Krach die Hexen vertreiben.

In der Oberpfalz nagelte man vor Sonnenuntergang drei Dornenzweige kreuzweise über die Fenster von Wohnhaus und Stall. Das sollte den Hexen den Zugang

verwehren. Die bösen Dämonen abwehren sollten auch Besen, die man mit dem Reisig nach oben an die Hausmauer stellte. Man glaubte, dass am Reisig die Hexe hängen bleibt.

Obgleich man heute nicht mehr an Hexen glaubt, ist die Walpurgisnacht noch immer vielen Menschen etwas unheimlich. Statt Hexenvertreiben lässt man sich nur anderen Unsinn einfallen.

So erlebt gar mancher, der auf seinem Hof oder in seinem Garten nicht aufräumt und für Ordnung sorgt, am Morgen des 1. Mai eine böse Überraschung. Frei herumliegende Geräte und Gegenstände werden in der „Freinacht" irgendwo versteckt. Der erstaunte Besitzer muss dann seine Sachen wieder mühsam

zusammensuchen. Die „bösen Buben" denken sich immer neue Streiche aus, die nur in dieser Nacht erlaubt sind.

Leider wird der alte Brauch der Freinacht nur allzu oft völlig missverstanden und missbraucht. Viele Streiche, z. B. Beschädigen von Autos, Zäunen, Briefkästen, haben nichts mit der Freinacht zu tun und sind keineswegs lustig und originell. Deshalb ist es gut, wenn die Polizei in dieser Nacht besonders aufmerksam ist.

Einen schönen Brauch gibt es schon lange in der Walpurgisnacht im Bayerischen Wald. Hier stecken die Burschen den Mädchen ein grünes Bäumchen mit bunten Bändern auf den Dachfirst. In manchen Gegenden stellen sie ein Bäumchen auch vor die Haustür. Das grüne Bäumchen ist ein Zeichen der Verehrung und des Frühlings, den uns der Mai endgültig bringt.

Der Mai ist gekommen

Mit dem 1. Mai enden aller Hexenspuk und alle Angst vor bösen Dämonen. An diesem Tag bricht überall die große Frühlingsfreude aus. Sie findet ihren sichtbaren Ausdruck auch in vielen Bräuchen.

Überall wird der Wonnemonat auf andere Weise freudig begrüßt.

In Bayern und Österreich wird in vielen Orten auf dem Land, aber auch in der Stadt ein Maibaum aufgestellt. Es ist ein Fichtenbaum von großer Länge.

Meist wird vor dem Aufstellen die braune Rinde entfernt und der Stamm farbig gestrichen. Der grüne Wipfel wird mit bunten Bändern behängt. Der Stamm wird mit grünen Kränzen und mit geschnitzten Figuren und Handwerkerzeichen geschmückt.

Es ist mit viel Mühe verbunden, den bis zu 30 Meter langen Maibaum aufzustellen. Da müssen zahlreiche kräftige Burschen und Männer Hand anlegen. Und außerdem ist die Arbeit nicht ungefährlich. Meist wird der Baum mit Holzstangen, die man zu Scheren zusammenbindet, mühevoll aufgerichtet.

Ist das Werk endlich gelungen, ist das für alle Helfer und Zuschauer ein Anlass zu feiern. Nun blasen die Musikanten kräftig in ihre Instrumente und die jungen Leute tanzen freudig um den Maibaum. Natürlich fehlen auch die Kinder nicht. Denn alle sind stolz auf den Maibaum, der nun den Ort ziert.

Der Winter ist vergangen

Der Winter ist vergangen,
ich seh des Maien Schein,
ich seh die Blümlein prangen,
des sich mein Herz erfreut.
So fern in jenem Tale,
da ist gar lustig sein, da
singt Frau Nachtigalle
und manch Waldvögelein.

Im Mai ist Muttertag

Am zweiten Sonntag im Mai feiern wir den Muttertag,
den es bei uns erst seit etwa 70 Jahren gibt. Und das
kam so: Die Amerikanerin Ann Jarvis wollte, dass an
einem Tag im Jahr alle Mütter besonders geehrt werden. Es gelang ihr, für diesen Gedanken auch den ame-
rikanischen Präsidenten Wilson zu begeistern. Im
Jahre 1914 hatte sie Erfolg: Der zweite Maisonntag
wurde in ganz Amerika zum Muttertag erklärt. Es sollte ein Tag des Dankes sein für den Dienst, den die
Mütter Tag für Tag für Kinder und Familie leisten.

Bald schon feierten auch andere Länder den Muttertag. In Deutschland wurde er im Jahre 1922 in den Kalender aufgenommen. Es dauerte aber noch etwa zehn Jahre, bis der Muttertag in ganz Deutschland bekannt wurde. Heute gibt es kaum noch ein Land, wo man diesen Ehrentag der Mütter nicht feiert.

Viele fragen sich vor dem Muttertag: Wie kann ich meiner Mutter am besten zeigen, dass ich sie gern habe? Bestimmt ist sie glücklich, wenn du ihr sagst, dass du sie liebst. Am meisten wird sie sich freuen, wenn du ihr nichts schenkst, was man kaufen kann (Süßigkeiten, Blumen usw.). Da ist es schon viel besser, wenn du dir etwas Besonderes einfallen lässt.

Hier sind einige Vorschläge:
– etwas basteln
– eine Glückwunschkarte schreiben
– etwas vorsingen oder auf der Flöte/auf dem Klavier etwas vorspielen
– einen Kuchen backen
– Blumen auf der Wiese pflücken
– eine schöne Geschichte aufschreiben
– der Mutter einen Brief schreiben.

Aber du solltest deiner Mutter nicht nur an einem einzigen Tag im Jahr zeigen, wie sehr du sie magst. Jeder Tag soll ein Muttertag sein!

Glückwunschkarte zum Muttertag

Schneide Tonpapier im Format 21 x 15 cm zu und falte es der Länge nach in der Mitte.

Auf die Vorderseite kannst du einen Blumenstrauß malen und auf die rechte Innenseite schreibst du einen kleinen Spruch für deine Mutter.

Sommerfreuden

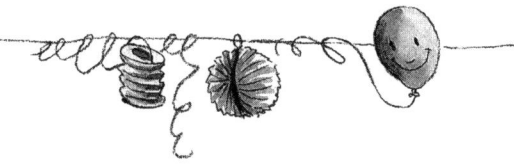

Sommeranfang –
Sommersonnenwende

Zu allen Zeiten haben die Menschen den Sonnenstand beobachtet. Sie erkannten, dass damit nicht nur die Tages- und Nachtlänge, sondern auch die Jahreszeiten zusammenhängen.

Ein herausragender Tag im Jahreslauf ist der 21. Juni. An diesem Tag erreicht die Sonne ihren höchsten Stand. Wir haben den längsten Tag und die kürzeste Nacht des Jahres: Sommersonnenwende – Sommeranfang. Von nun an werden die Tage schon wieder kürzer und die Nächte länger.

Den Tag der Sommersonnenwende haben die Menschen schon immer besonders gefeiert, denn alles Leben, alles Wachstum wird dem Licht und der Wärme der Sonne verdankt. Und das war ein wichtiger Grund zum Feiern. Man zündete in der Sonnwendnacht auf Anhöhen und Bergen Feuer an, die weithin leuchteten. Durch das Christentum wurde das Sonnwendfeuer vielfach zum Johannisfeuer, denn am 24. Juni ist das Namensfest des heiligen Johannes des Täufers.

Der Brauch des Sonnwend- oder Johannisfeuers hat sich bis heute erhalten. Wie früher kommt darin die große Freude über den Sommer zum Ausdruck, der nun seinen Höhepunkt erreicht.

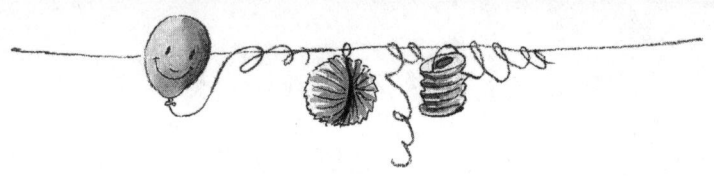

Das Sonnwendfeuer nimmt überall einen ähnlichen Verlauf: Junge Burschen tragen das Holz zusammen, das zu einem Scheiterhaufen aufgeschlichtet wird. Bei Einbruch der Dunkelheit wird das Feuer entfacht. Wenn die Flammen in den nächtlichen Himmel steigen, ist die Freude der jungen Leute groß. Es wird gesungen, musiziert und getanzt.

Wenn es die Flammen erlauben, springen besonders Mutige über die heiße Glut. Das soll helfen gesund zu bleiben.

Früher wurden an manchen Orten noch brennende Räder als Sonnenräder von Anhöhen heruntergerollt. Auch das sollte sichtbar machen, wie sehr man sich über die wärmende Sonne freut.

Vergessen ist auch ein anderer Brauch: Weil man glaubte, dass die Asche des Johannisfeuers Wachstum verleiht, verteilten sie die Bauern auf ihren Feldern.

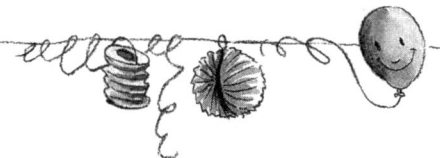

Bauern- und Wetterregeln zum Sommeranfang

Vor Johanni (24. Juni) bitt um Regen,
nachher kommt er ungelegen.

Ist der Siebenschläfertag (27. Juni) nass,
regnet's sieben Wochen ohne Unterlass.

Historische Feste

Der Sommer ist die beste Zeit große Feste abzuhalten, an denen sich ein ganzes Dorf oder auch eine ganze Stadt beteiligt.

Besonders schön und farbenprächtig sind historische Feste. Dabei wird an ein Ereignis erinnert, das sich vor vielen Jahren einmal zugetragen hat. Manchmal war es ein freudiges Ereignis, z.B. eine Hochzeit. Oft war es ein trauriges Geschehen, z.B. der Einzug feindlicher Soldaten in die Stadt.

Bei jedem historischen Fest gibt es monatelange Vorbereitungen. Viele Menschen müssen mithelfen, damit das Fest gelingt: Männer, Frauen, Jugendliche und auch Kinder.

Meist tragen alle Teilnehmer Kleider aus vergangenen Zeiten. Das macht allen großen Spaß, besonders

den Kindern. Denn wann kann man sich schon kleiden wie im Mittelalter oder im 30-jährigen Krieg?

Es gibt wohl kein historisches Fest, bei dem man keine Kinder braucht. Denn ohne sie kann man keine Umzüge und kein Festspiel durchführen. Es gibt sogar Feste, an dem fast nur Kinder mitmachen dürfen. Ein Beispiel dafür ist die Dinkelsbühler Kinderzeche.

Sicher wird auch in deiner Heimat einmal ein historisches Fest aufgeführt. Wenn du dabei mitmachen willst, musst du dich rechtzeitig melden. Vielleicht schließt du dich einem Verein an, der am Fest teilnimmt. Erkundige dich rechtzeitig. Bestimmt macht dir das Mitmachen großen Spaß.

Fest Mariä Himmelfahrt

Am 15. August wird in katholischen Gegenden jedes Jahr ein großes Fest gefeiert: Mariä Himmelfahrt.

Nach der Legende fanden die Jünger Jesu im Grab von Maria, als sie es noch mal öffneten, nicht mehr ihren toten Leib, sondern herrliche Blumen und duftende Kräuter. Das ist wohl der Grund, dass Mariä Himmelfahrt nicht nur ein Marienfest, sondern auch ein Fest der Kräuter ist.

Zu Mariä Himmelfahrt hat der Sommer seinen

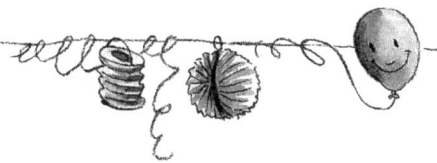

Höhepunkt erreicht. Um diese Zeit gibt es die letzten heißen Tage. In den Gärten und auf den Wiesen stehen viele Blumen jetzt in ihrer schönsten Pracht. Von alters her weiß man, dass viele Blumen und Pflanzen nicht nur schön sind und unser Auge erfreuen. Viele von ihnen enthalten auch Heilkräfte, die unserer Gesundheit dienen können. Aus manchen kann man z.B. Tees herstellen, die bei Krankheiten helfen.

Heilpflanzen sollen Mitte August geschnitten werden, weil sie um diese Zeit besonders heilkräftig sind. Schon seit vielen Jahrhunderten werden daher zum Fest Mariä Himmelfahrt Heilpflanzen zum Trocknen gesammelt.

Einige von ihnen bindet man zu einem schönen *Kräuterbüschel* zusammen. Besonders geeignet sind:

Schafgarbe, Baldrian, Kamille, Pfefferminze, Tausendgüldenkraut.

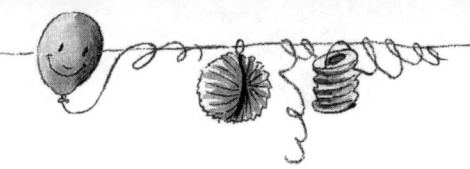

Diese Heilpflanzen muss man selber sammeln. Das ist heute nicht mehr leicht, weil viele Pflanzen ausgestorben sind. Beim Sammeln lässt du dich am besten von einem kundigen Erwachsenen begleiten. Eine Hilfe beim Pflanzenerkennen können dir auch Bestimmungsbücher sein, die man kaufen oder in einer Bücherei ausleihen kann.

Nach altem Brauch werden die gesammelten Kräuter zu einem Strauß zusammengebunden. Nicht fehlen sollte darin auch eine Königskerze, die du an Bahndämmen oder Wegrändern findest. Die Königskerze soll in die Mitte des Straußes kommen.

Am Tag Mariä Himmelfahrt wird das Kräuterbüschel in die Kirche zum Weihen getragen. Nach dem Gottesdienst wird es gut im Haus aufbewahrt.

Bei den Bauern kommt ein Teil hinter das Kreuz in der Stube, ein Teil in den Stall und die Scheune. Denn die geweihten Kräuter sollen zur Heilung von Mensch und Tier beitragen und Unwetter abhalten. Früher hat man dem kranken Vieh etwas unter das Futter gemischt.

– Besorge dir ein Pflanzenbestimmungsbuch und versuche einige Heilkräuter zu sammeln. Vielleicht helfen dir deine Eltern dabei. Gib die Heilkräuter in eine Vase mit Wasser und hänge an jede Pflanze ein Namensschild.

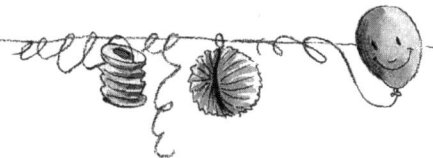

- Frage in einer Apotheke oder im Reformhaus nach Abbildungen und Informationen über Heilkräuter. Erkundige dich auch, wie die Pflanzen helfen.
- Binde auch einige Heilkräuter zu einem Strauß zusammen und trockne sie später in hängendem Zustand dort, wo es luftig ist.

Bauern- und Wetterregeln zu Mariä Himmelfahrt

Mariä Himmelfahrt im Sonnenschein,
bringt viel und guten Wein.

Um die Zeit von Augustin (28. August)
zieh'n die warmen Tage hin.

61

Eine Zuckertüte zum Schulanfang

Wenn der Kindergarten nicht mehr so recht Spaß macht, denken die 6-jährigen Kinder an die Schule. Die Eltern reden schon öfter davon und auch die Kindergartenfreunde wissen es ganz genau: Im Herbst gehen sie in die Schule!

Eifrig werden mit den Eltern alle Schulsachen besorgt: der Schulranzen, ein Block, Malstifte und noch etwas ganz Wichtiges: Es ist die Schultüte, die auf keinen Fall vergessen werden darf! Und mit der Schultüte im Arm treten die Schulanfänger dann den ersten Weg zur Schule an.

Was in die Schultüte hinein soll, das entscheiden die Eltern. Hoffentlich sind nicht zu viele Süßigkeiten drin. Das ist ja nicht ganz gesund.

Den Brauch, dass Eltern ihren Kindern den Schulanfang mit einer Zuckertüte versüßen, gibt es heute in ganz Deutschland. Entstanden ist er vor über 250 Jahren in Sachsen, Thüringen und Schlesien. Dort war es üblich, dass die Paten älterer Geschwister zur Tauffeier eines Kindes ihren Patenkindern eine Zuckertüte mitbrachten. Sie sollten nicht vergessen werden.

Dieser Geschenkebrauch zum Tauffest ist mit der Zeit in Vergessenheit geraten. Er lebte aber in anderer Form erneut auf, denn im letzten Jahrhundert wurde

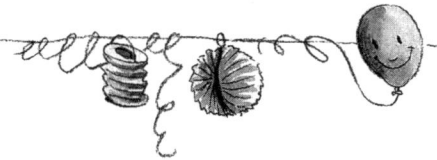

es wiederum in Sachsen, Thüringen und Schlesien üblich, dass Eltern ihren Kindern den Schulanfang mit einer Zuckertüte erleichtern wollten. Und deshalb übergaben sie dem Lehrer vor dem ersten Schultag eine kleine Tüte mit Sachen zum Naschen.

Der Lehrer erzählte dann den überraschten Kindern, die Tüten seien auf einem „Zuckertütenbaum" im Keller der Schule gewachsen.

Die Sitte mit der Zuckertüte zum Schulanfang wurde allmählich auch in anderen Gegenden Deutschlands nachgeahmt, zuerst in den Städten, erst später auf dem Land. Und heute gehört die Schultüte, die wegen ihrer Größe den Kleinen manchmal Schwierigkeiten macht, überall zum ersten Schultag.

Dank für eine reiche Ernte

Wir feiern das Erntedankfest

Am ersten Oktobersonntag wird bei uns das Ernte-
dankfest gefeiert. Vielleicht wirst du wie viele Menschen sagen: „Ich bin kein Bauer und ernte nicht. Und
deshalb muss ich auch nicht danken." Ist das aber wirklich so?

Zu allen Zeiten machten die Menschen die Erfah-
rung: Eine gute Ernte ist keine Selbstverständlichkeit.
Denn trotz Fleiß kann die Ernte schlecht ausfallen.
Vieles hängt von der Witterung ab. Wenn Krankheiten
die Pflanzen befallen, gehen diese zu Grunde. Der
Mensch kann das alles nicht beeinflussen.

Deshalb haben die Menschen schon immer den Göt-
tern Dankopfer dargebracht. Die Griechen opferten
der Göttin Demeter zur Erntezeit, die Römer der Göttin Ceres. Unsere Vorfahren ließen immer die letzte
Getreidegarbe auf dem Feld.

In manchen Gegenden wurde als Zeichen der Dankbarkeit der erste Getreidewagen schweigend heimge-
fahren. Anders war es beim letzten Wagen: Da waren
alle froh und glücklich. Man freute sich über die gute
Ernte und feierte ein großes Fest. Auf dem Hof oder in
der Scheune gab's ein fröhliches Schmausen bei Musik
und Tanz. Nun waren alle Mühen der Erntearbeit vergessen.

3 10350-4

Wir können uns heute nicht mehr vorstellen, wie glücklich früher die Menschen über eine gute Ernte waren. Denn dann war keine Not zu befürchten. Deshalb wollten sie auch Gott für alles danken.

Den meisten von uns geht es heute gut. Wir haben das ganze Jahr frisches Gemüse und Obst, auch aus fernen Ländern. Schau dich einmal in einem Supermarkt oder auf einem Wochenmarkt um. Wir haben alles im Überfluss.

Haben wir deshalb nicht allen Grund dankbar zu sein? Auch wenn wir nicht selbst ernten, sondern andere das für uns tun?

Ein Zeichen der Dankbarkeit soll der Gottesdienst sein, der in den Kirchen an diesem Sonntag gefeiert wird. Um zu zeigen, was wir ernten dürfen, werden in vielen Kirchen vor den Altar oder auf einen Tisch viele Früchte gelegt, von allem etwas: Gemüse und Obst, ein Krug Wein und ein Laib Brot und viele Blumen. Oft kommt noch eine Erntekrone mit Ähren oder ein großer Getreidestrauß hinzu.

Erntestrauß

Besorge dir während der Erntezeit Getreideähren, Strohblumen oder andere Trockenblumen, z.B. Schafgarbe. Die Blumen müssen aber bereits getrocknet sein, damit sie im Krug nicht umfallen. (Hinweis: Trockenblumen müssen nach dem Abschneiden zu einem Strauß gebunden und an einem luftigen Ort einige Wochen mit der Blüte nach unten aufgehängt werden.)

Binde die Ähren und Blumen zu einem Strauß zusammen und schmücke sie mit bunten Bändern.

Achtung vor dem Brot

Nur Landkinder erleben heute noch, wie viel Arbeit nötig ist, bis ein Laib Brot auf den Tisch kommt. Sie wissen um die Mühen von der Aussaat des Getreides im Herbst, von der Sorge um günstiges Wetter. Sie wissen auch von der schweren Erntearbeit trotz moderner Maschinen.

Anders als heute haben die Menschen früher dem Brot immer eine besondere Hochachtung entgegengebracht. Das Brot wurde als etwas Heiliges, als Gottesgeschenk betrachtet. Deshalb vergaß man nie, vor dem Essen zu beten und auf den Brotlaib vor dem Anschneiden mit dem Messer ein Kreuz zu zeichnen.

Undenkbar wäre es deshalb gewesen, altes Brot wegzuwerfen. Man aß auch noch hartes Brot. Es wurde klein geschnitten und in die Suppe eingebrockt.

Achtung vor dem Brot war es auch, dass man Brotkrumen, die nach dem Essen auf dem Tisch liegen blieben, nicht wegwarf. Man sammelte sie und streute sie für die Vögel oder die Hühner aus. So sollten die Tiere Anteil an dieser Gottesgabe haben.

Erntedank

Wir danken für die Früchte,
die uns der Herbst gebracht,
für Regen und für Sonne,
für jede gute Nacht.

Wir danken für die Fülle,
die uns der Herbst gebracht.
Wir danken für die Stille
und für die Farbenpracht.

Wir danken für die Freude,
die uns das Leben schenkt.
Wir danken dem, der alle
unsre Wege lenkt.

Bernhard Lins

Es gibt viele Gründe zum Danken

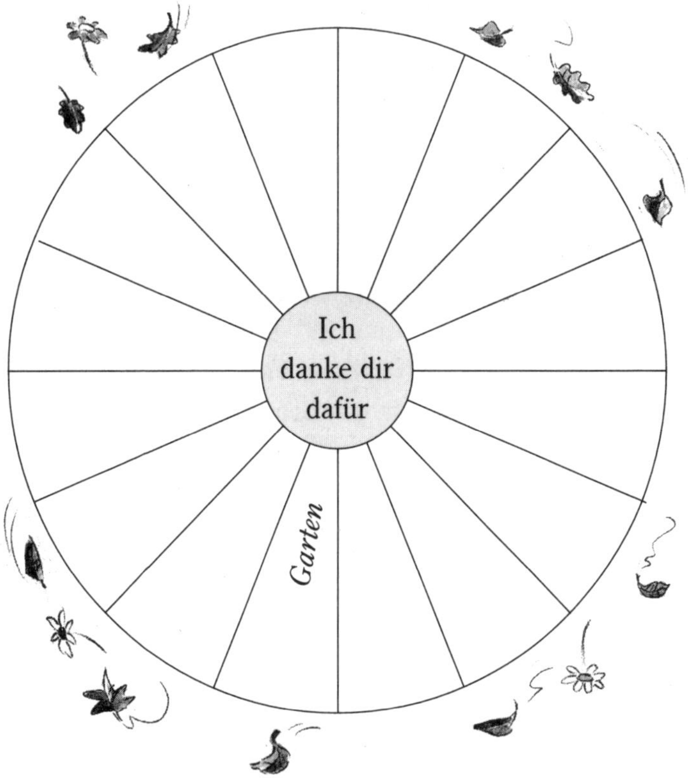

Ich
danke dir
dafür

Garten

Schreibe in die freien Felder das ein, was dir besonders wichtig ist und wofür du danken willst.

Das leicht erworbene Brot

Es mähte einmal ein Bauer das Gras auf der Wiese. Als er müde war, setzte er sich hin, holte ein Stück Brot aus der Tasche und aß.

Da kam ein Wolf aus dem Wald, sah den Bauern essen, lief hin und fragte: „Was isst du da?"

„Brot!", antwortete der Bauer.

„Schmeckt es?"

„Und ob es schmeckt!"

„Lass mich's versuchen, Bauer!"

„Nun also, hier, versuch!" Der Bauer brach ein Stück Brot ab und gab es dem Wolf.

Dem Wolf schmeckte das Brot sehr gut. „Ich möchte jeden Tag Brot essen", meinte er, „sag mir, wo kann ich es bekommen?"

Der Bauer antwortete: „Also, pass auf: Zuerst musst du die Erde pflügen ..."

„Da ist Brot drin?", meinte der Wolf.

„Nein, nein, mein Lieber, warte doch! – Dann muss man das Korn säen ..."

„Und dann kann man Brot essen?" Der Wolf leckte sich das Maul.

„Aber nein, noch nicht! Du musst warten, bis das Korn wächst, bis es blüht, bis sich die Ähren zeigen, dann muss es reif werden ..."

„Ach", seufzte der Wolf, „das dauert lang! Gut, ich warte also. Aber dann kann ich genug Brot kriegen?"

„Nicht gleich. Man muss das Korn mähen, die Garben binden, muss sie trocknen lassen. Dann fährt man es heim."

„Dann kann ich Brot essen?"

„Sei doch nicht so ungeduldig, Wolf! Wenn das Korn gedroschen ist, füllt man es in Säcke und bringt es in die Mühle. Dort wird es zu Mehl gemahlen ..."

„Und dann ist das Brot fertig?"

„Nein, noch nicht. Man muss den Teig anrühren und gehen lassen. Dann gibt man ihn in den heißen Backofen zum Backen."

„Und dann kann ich es essen?"

„Ja, dann kannst du davon essen, so viel du willst", beendete der Bauer seine Belehrung.

Der Wolf dachte lange nach. Dann kratzte er sich hinter den Ohren. „Nein", sagte er, „ich will ein leichteres Brot essen."

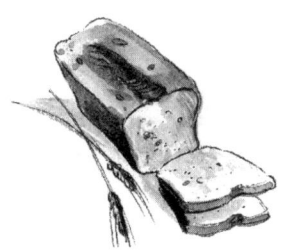

Hungrig lief er davon. Auf einmal sah er eine Herde Schafe grasen, während der Hirt schlief. Der Wolf suchte sich den schönsten Schafbock aus, packte ihn und sagte: „Jetzt werde ich dich fressen!"

„Nun also", sagte der Schafbock, „so ist es mein Schicksal. Ich will es dir leicht machen: Bleib hier stehen und sperr den Rachen auf! Ich geh auf den Hügel, dann lauf ich hinunter und spring dir direkt ins Maul!"

„Danke", sagte der Wolf. „Machen wir es so." Er sperrte den Rachen auf und wartete. Der Schafbock nahm einen Anlauf und knallte mit seinen Hörnern dem Wolf auf den Kopf. Dem wurde es schwarz vor den Augen und dann sah er alle Sterne funkeln.

Als er wieder zu sich kam, schüttelte er sich und fragte laut: „Hab ich den Schafbock nun gefressen oder nicht?"

Das hörte der Bauer, der gerade nach Hause ging. Er sagte: „Nein, du hast nichts gegessen – aber du hast vom leichten Brot gekostet!"

Russische Fabel

Brötchen zum Erntedankfest

Das brauchst du dazu:

300 g Mehl, 150 g Quark, 6 Esslöffel Milch, 6 Esslöffel Öl, 1 Prise Salz, 1 Päckchen Backpulver, 2 Esslöffel Dosenmilch, etwas Mohn, Sesam oder Kümmel zum Bestreuen.

Und so wird's gemacht:

Verrühre Quark, Milch, Öl und Salz in einer Schüssel und gib dann das Backpulver mit dem Mehl dazu.

Knete den gesamten Teig auf einem Backbrett fest durch und forme daraus etwa 8 Brötchen. Lege nun das Backblech mit Backpapier aus oder fette es leicht ein. Bestreiche die Brötchen auf dem Blech mit Dosenmilch und streue, je nach Wunsch, Mohn, Sesam oder Kümmel darüber. Backe die Brötchen auf der mittleren Schiene bei 200 Grad 20 Minuten.

Erntedank-Rätsel

In dem folgenden Rätsel findest du die Namen von Früchten, für die wir im Herbst danken.

Wenn du die Namen der Früchte richtig einsetzt, ergeben die eingerahmten Buchstaben, wenn du sie senkrecht von oben nach unten liest, den Namen einer großen Hilfsaktion für Menschen in Not.

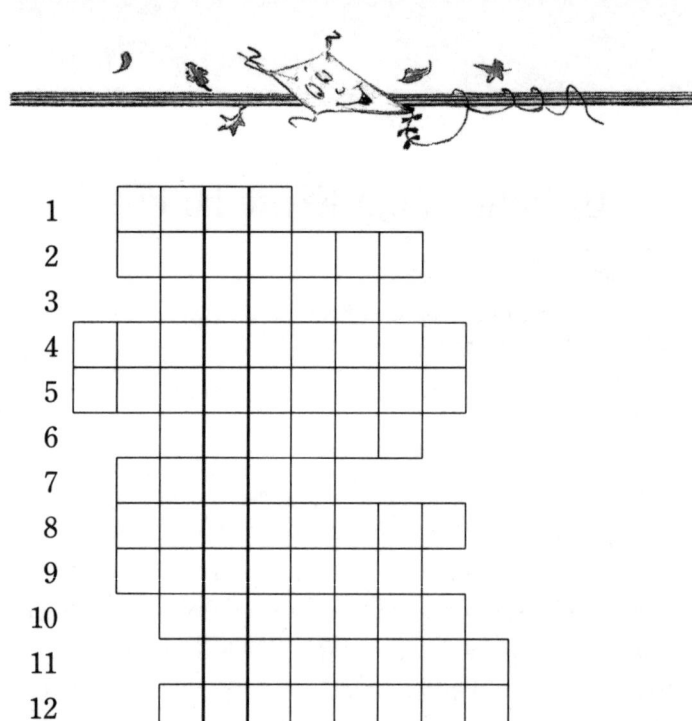

1									
2									
3									
4									
5									
6									
7									
8									
9									
10									
11									
12									
13									
14									

Das bedeuten die Wörter, die du einsetzen sollst:

1 Frucht am Weinstock
2 Wurzelgemüse
3 Hülsenfrucht
4 Steinobst
5 Salat
6 Riesenfrucht
7 Kernobst
8 Herbstsalat
9 scharfes Gemüse
10 Wurzelfrucht
11 Frucht mit harter Schale
12 Wurzelgemüse
13 Steinobst
14 wichtiges Nahrungsmittel

Die Auflösung findest du auf Seite 127.

Lichter in dunkler Nacht

Allerheiligen – Allerseelen

Der November ist bei vielen Menschen kein beliebter Monat, denn er bringt uns unfreundliches Wetter, ist nebelig und nasskalt.

Alles, was im Sommer in herrlicher Pracht stand, verliert im November seine Schönheit. Die Blätter an Bäumen und Sträuchern färben sich bunt und fallen ab. Die letzten Blumen sind dem Nachtfrost zum Opfer gefallen. Felder und Gärten sind leer und abgeräumt. Überall ist es kahl. Nirgends regt sich mehr Leben. Alles ist scheinbar tot.

Dass alles vergänglich ist, daran erinnert uns nicht nur die Natur. Es tun dies auch die beiden Feste Allerheiligen und Allerseelen am 1. und 2. November. An diesen Tagen gedenken die katholischen Christen der verstorbenen Angehörigen. Die evangelischen Christen haben am Totensonntag (3. Sonntag im November) ihren Gedenktag.

Nach altem Brauch schmücken wir zu Allerheiligen/Allerseelen die Gräber unserer lieben Verstorbenen. Unsere Gedanken sind bei ihnen. Wir zünden an ihrem Grab kleine Lichter an und beten für sie.

Am Allerseelentag gedachte man früher auf dem Land auch der Armen des Dorfes. Man schenkte ihnen kleine Brote, wenn sie bettelnd von Haus zu Haus

zogen. Man glaubte nämlich, dass das Brot, das man den Armen gibt, den verstorbenen Angehörigen zugute kommt. Die Toten nannte man auch die „Armen Seelen".

Weil man die Ruhe der Armen Seelen nicht stören wollte, unterließ man in den Tagen nach Allerseelen alle lauten Arbeiten, z.B. das Dreschen und Holzsägen. Es durfte auch nicht getanzt werden. So war die Allerseelenzeit eine sehr ruhige Zeit.

Sankt Martin

Das wissen alle Kinder: Wenn die Tage immer kürzer und die Nächte immer länger werden, dann kommt das Namensfest eines besonders beliebten Heiligen. Es ist der Namenstag des heiligen Martin. Es ist uns bestens bekannt durch den Martinszug und Martinslieder. Aber wer war Martin wirklich? Was wissen wir von ihm?

Ganz im Gegensatz zu vielen anderen Heiligen ist uns die Lebensgeschichte des heiligen Martin gut bekannt. Er wurde um das Jahr 316 in Ungarn als Sohn eines römischen Beamten geboren, der dorthin versetzt worden war. So wollte es der römische Kaiser. Schon in jungen Jahren trat Martin als Soldat in die römische Armee ein und war wegen seiner Tüchtigkeit

bei seinen Vorgesetzten sehr geschätzt. Deshalb wurde er bald ein Offizier.

Nach kurzer Dienstzeit wurde Martin nach Gallien, ins heutige Frankreich, versetzt. Und hier lernte er den christlichen Glauben kennen. Er war davon so begeistert, dass er sich taufen ließ. Nun wollte er auch den Soldatendienst nicht mehr ausüben, sondern zog sich auf eine einsame Insel im Mittelmeer zurück, wo er sich von Wurzeln und Kräutern ernährte.

Doch die Einsamkeit auf der Insel sollte nur ein paar Jahre dauern, denn der Bischof der Stadt Poitiers rief Martin nach Gallien zurück. Nach seiner Heimkehr gründete er mit Gleichgesinnten das erste Mönchs-kloster des Landes. Hier suchten ihn viele Menschen auf, die ihn um Hilfe und Rat baten. Martin war bei allen sehr beliebt.

Als der Bischof der Stadt Tours starb, hätte ihn das Volk gerne als seinen Nachfolger gesehen. Martin wollte das Bischofsamt zunächst nicht übernehmen, ließ sich dann aber doch überreden. Nun verkündete er in seiner Bischofsstadt, aber auch an vielen anderen Orten das Wort Gottes.

Ganz im Gegensatz zu vielen anderen Bischöfen blieb Martin auch in seinem neuen Amt bescheiden und ein Freund der Armen.

So verzichtete er auf jeglichen Luxus, ja er putzte

sich selbst die Schuhe und setzte sich in seiner Bischofskirche nicht auf einen prunkvollen Thron, sondern auf einen Bauernschemel. Als er mit achtzig Jahren starb, wurde er in seiner Bischofsstadt feierlich bestattet. Tausende trauerten um den so beliebten Bischof. Über seinem Grab errichtete man eine Kirche und ein Kloster.

Martin – ein beliebter Schutzpatron

Das Leben des einfachen Bischofs Martin hat die Menschen zu allen Zeiten begeistert. Sie benannten viele Kirchen und Kapellen nach ihm, nicht nur in Frankreich, sondern auch in unserer Heimat. Viele Berufsstände erwählten St. Martin zu ihrem Helfer in allen Nöten. So wurde er der Schutzpatron der Soldaten, Reiter, Schmiede, Weber und Schneider, der Bettler, Gefangenen, Hirten, Müller und Reisenden.

Künstler haben ihn in ihren Bildern und Figuren als römischen Soldaten auf einem Pferd reitend dargestellt, wie er den Mantel mit dem Bettler teilt. Oft ist der Heilige auch als Bischof abgebildet, der unter dem Arm eine Gans hält.

Kennst du in deiner Heimat ein Bild des heiligen Martin? Wie ist er dargestellt?

Wie St. Martin einem Bettler half

Es war an einem bitterkalten Winterabend. Zu später Stunde ritten in der französischen Stadt Amiens einige römische Offiziere durch die menschenleeren, verschneiten Straßen. Die Soldaten waren auf dem Weg in ihre Kaserne.

Ihr Anführer war Martin. Vor dem Stadttor entdeckte er einen Bettler. Er kauerte an einer Hausecke, nur mit Lumpen bekleidet. Er zitterte am ganzen Leib vor Kälte. Mit letzter Kraft streckte er dem fremden Soldaten auf dem hohen Ross die frierenden Hände entgegen.

„Helft mir doch! Lasst mich nicht erfrieren!", flehte er. Die Soldaten beachteten den Bettler nicht, von denen es so viele in der Stadt gab. Nur Martin erkannte, dass er hier anhalten und helfen musste.

Doch was konnte er dem Bettler Gutes tun? Wie konnte er ihm helfen? Er hatte ja nichts Essbares bei sich und auch keine Kleidung, die er ihm hätte geben können. Da tat er etwas, was die mitreitenden Soldaten nicht erwartet hatten: Martin zog sein Schwert aus der Scheide und teilte seinen weiten Soldatenumhang mit einem kräftigen Hieb in zwei Teile. Nun reichte er mit einem freundlichen Blick die eine Mantelhälfte dem frierenden Mann, der ihm seine dünnen Arme entge-

genstreckte. Dieser wusste nicht, wie ihm geschehen war.

Die Soldaten, die Martin auf dem nächtlichen Ritt begleitet hatten, konnten seine Handlungsweise nicht verstehen. Ja, sie lachten insgeheim über sein Mitleid mit dem Bettler.

Als Martin in seiner Unterkunft schlief, hatte er einen Traum. Es erschien ihm Jesus, bekleidet mit der Mantelhälfte, die er dem Bettler geschenkt hatte.

Jesus sagte zu ihm: „Martin, du hast heute recht getan! Mit dem Mantelteil hast du auch mich gekleidet!"

Da erwachte Martin und war sehr glücklich.

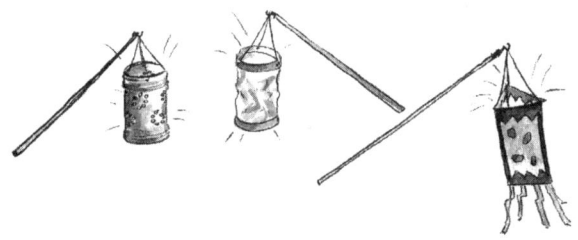

Wir feiern das Martinsfest

Auf das Martinsfest freuen sich besonders die Kinder. Es wird aber überall ein wenig anders gefeiert. Gewöhnlich treffen sich die Kinder am Abend des Festes zu einem Laternenumzug. Jedes Kind trägt eine

Laterne, die im Kindergarten oder in der Schule gebastelt wird.

Meist findet vor einer Kirche eine kleine Feier statt. Dabei wird in einem Spiel gezeigt, wie der heilige Martin den Mantel teilte. Zur Erinnerung daran erhalten alle Kinder dann gebackene Martinsmännchen. Dazu werden viele Martinslieder gesungen.

Weil St. Martin ein Herz für den armen Bettler hatte, werden am Martinsabend Spenden für notleidende Menschen gesammelt.

Wie feiert ihr in eurer Gemeinde das Martinsfest? Welche Lieder singt ihr? Denkt ihr auch an Menschen in Not?

Warum an St. Martin eine Gans auf den Tisch kommt

In den Tagen um St. Martin haben die Bauern fast alle Arbeiten auf den Feldern beendet. Die Ernte ist längst eingebracht.

Der Abschluss der Erntearbeiten war für den Bauern schon immer ein Anlass zur Freude und zum Feiern, vor allem aber ein Grund für ein gutes Essen.

Da die Mastgänse im Herbst ihr Gewicht erreicht

hatten, gab es früher zu Martini mit Vorliebe einen
Gänsebraten.

Auf den Martinstag freuten sich früher auch die Lehrer und Pfarrer, denn sie bekamen für den Unterricht,
den sie den Kindern erteilten, von den Bauern eine
Gans geschenkt.

So war die Martinigans schon immer sehr geschätzt.
Und daran hat sich bis heute nichts geändert. Nicht
nur die Bauern, die Lehrer und Pfarrer freuen sich,
wenn zum Martinstag eine Gans auf den Tisch kommt,
auch wir lassen uns diese Delikatesse schmecken.

Der Brauch mit dem Martinsbraten erinnert uns natürlich auch an St. Martin. Denn es waren ja Gänse, die
ihn nach der Legende verraten haben sollen, als er sich
vor den Leuten verstecken wollte. Das ist auch der
Grund, dass der Heilige oft mit einer Gans abgebildet
ist.

Martinsrätsel

O	M	A	R	T	I	N
G	A	N	S	T	O	R
E	N	A	M	E	L	U
I	T	S	I	I	H	A
B	E	T	T	L	E	R
N	L	A	L	E	I	D
O	B	L	E	N	E	U
T	E	L	I	S	E	T
E	I	S	D	A	N	K
B	I	S	C	H	O	F

In diesem Buchstaben-rätsel sind 13 Wörter versteckt, die mit St. Martin etwas zu tun haben.

Die Auflösung findest du auf Seite 127.

Basteln einer Martinslaterne

Das brauchst du dazu:
Eine große, runde Käseschachtel aus Pappe, transparentes Zeichenpapier DIN-A3, Transparentpapiere in verschiedenen Farben, Plakafarben, Borstenpinsel, Klebestift, Alleskleber, Schere, kleinen Stab zum Tragen mit Drahthaken.

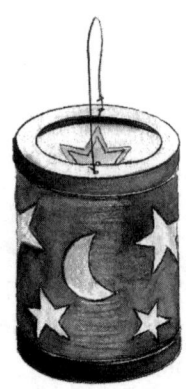

Und so wird's gemacht:

Schneide aus dem Deckel der Käseschachtel einen Kreis heraus und bemale Boden und Deckel mit Plakafarbe. Schneide das gerollte Zeichenpapier so zu, dass es wie eine stehende Rolle genau in das Innere des Deckels der Käseschachtel passt. Beklebe das ausgeschnittene Zeichenpapier innen mit Transparentpapierteilchen (verschiedene Motive, z.B. Mond, Sterne). Klebe die geschmückte Rolle an der Längsseite zusammen und befestige sie mit Alleskleber am inneren Rand der beiden Schachtelteile. Durchbohre den oberen Rand der Laterne zweimal und befestige nun den Draht zum Tragen.

Bauern- und Wetterregeln zu Allerheiligen und Martini

Hat Allerheiligen Sonnenschein,
wird's um Martini umso kälter sein.

Um Allerseelen kalt und klar,
macht auf Weihnachten alles starr.

Hat Martini einen weißen Bart,
wird der Winter lang und hart.

85

Macht hoch die Tür

Advent

Nun kommt er wieder, der Advent,
in unsre dunkle Welt,
damit ein Strahl vom großen Licht
auf unsre Erde fällt.

Nun kommt er wieder, der Advent,
im hellen Kerzenschein,
denn bald schon soll's für dich und mich,
für alle Weihnacht sein.

Nun kommt er wieder, der Advent,
möcht leise sein und still.
Geboren ist ein kleines Kind,
das Frieden bringen will.

Bernhard Lins

Kerzen auf dem Adventskranz

Ohne den Adventskranz können wir uns heute die Vorweihnachtszeit überhaupt nicht mehr vorstellen.

Wir finden ihn nicht nur in unseren Wohnungen, sondern auch in Schulen und Büros. Man kann ihn auf dem Markt, im Blumengeschäft und sogar im Supermarkt kaufen.

Viel schöner ist es natürlich, wenn man den Adventskranz selbst bindet und schmückt (siehe dazu S. 90).

Die vier Kerzen auf dem Adventskranz wollen uns ein sichtbares Zeichen auf die vier Sonntage vor Weihnachten sein. Jeden Adventssonntag wird eine weitere Kerze auf dem grünen Kranz angezündet.

Der Adventskranz ist so beliebt, dass man meinen könnte, es handle sich um einen sehr alten Brauch, der schon seit vielen Jahrhunderten bei uns gepflegt wird. Das ist aber nicht der Fall. Der Brauch, in der Adventszeit die Wohnung mit einem grünen Kranz zu schmücken, ist noch nicht sehr alt. Doch wie ist es dazu gekommen?

Angefangen hat alles mit Johann Heinrich von Wichern. Er war ein protestantischer Oberkirchenrat und leitete in Hamburg ein großes Waisenhaus.

Im Jahre 1860 – also vor etwa 140 Jahren – hatte er eine ungewöhnliche Idee, mit der er seinen Waisenkin-

dern das Warten auf Weihnachten erleichtern wollte: Er ließ an einem großen Kronleuchter, der von der Decke hing, 24 Kerzen aufstecken.

An den Adventsabenden versammelte er seine Kinder unter dem Leuchter, sang Adventslieder und entzündete immer eine weitere Kerze. So konnten die Kinder genau erkennen, wie viele Tage es noch bis Weihnachten waren.

Was Johann Heinrich von Wichern sich ausgedacht hatte, begeisterte die Waisenkinder. Und jedes Jahr wurden im Advent wieder auf dem Leuchter Kerzen aufgesteckt. Nach dem Tode des beliebten Waisenhausvaters ist aber seine Idee in Vergessenheit geraten.

Vor etwa 100 Jahren erinnerten sich ehemalige Waisenkinder wieder an den Adventsleuchter mit den vielen Kerzen. Sie banden mit Tannenzweigen einen Kranz und steckten nur noch vier Kerzen drauf. Die grünen Zweige sollten ein Zeichen der Hoffnung sein, der Hoffnung auf neues Leben nach dem kalten Winter. Was nicht zu erwarten war: Der grüne Kranz gefiel immer mehr Menschen. So konnte sich der Adventskranz schon bald in ganz Norddeutschland verbreiten. Allmählich kam der Brauch auch nach Süddeutschland und Österreich.

Wir binden einen Adventskranz

Du brauchst dazu:
Dicken Draht für den Reifen, dünnen Bindedraht, Tannenzweige, vier Kerzen und Halter, rotes Band.

Und so wird's gemacht:
Stelle mit dem dicken Draht einen Reifen für den Kranz her (zwei Runden) und binde etwas größere Zweige dachziegelartig um den Reifen. Darauf kommt eine zweite oder dritte Lage mit etwas kleineren Zweigen. Umwickle nun den Kranz mit dem Band und stecke die Kerzen in die Halter und diese dann in den Kranz.

Das Paradeisl –
ein anderer Adventskranz

In ländlichen Gegenden in Bayern gab es früher anstelle des Adventskranzes in der Vorweihnachtszeit ein Paradeisl. Es sollte an die Vertreibung von Adam und Eva aus dem Paradies erinnern.

Seit es auch in Bayern den Adventskranz gibt, ist der Brauch mit dem Paradeisl etwas in Vergessenheit geraten. In letzter Zeit erinnert man sich wieder an diesen schönen Adventsbrauch.

**Für diese Adventspyramide
brauchst du:**
*6 gleichlange (25 cm), dünne
Rundstäbe, 4 Äpfel, 4 kleine
Kerzen, kleine Tannenzweige.*

Und so wird's gemacht:
Spitze die Stäbe an den beiden Enden, damit man sie so in die Äpfel stechen kann, wie es die Abbildung zeigt. Bohre in jeden Apfel oben am Stiel ein kleines Loch und stecke eine Kerze und Tannenzweige hinein.

Damit die Äpfel nicht so schnell austrocknen, stellt man das Paradeisl möglichst in einen etwas kühlen Raum und nicht in die Nähe der Heizung oder auf ein Fensterbrett über einem Heizkörper.

O lieber Hauswirt mein

Josef

1. O lie - ber Haus - wirt mein, ein - mal er - wacht!
   Wir bit - ten in - nig - lich, die - ses be - tracht:

Maria und Josef

Jo - sef, Ma - ri - a rein bit - ten um Her - berg heint.

O lie - ber Haus - wirt mein, laß uns doch ein!

Hauswirt

2. Wer klopft an meiner Tür bei später Nacht,
   der heut zu Bethlehem kein Herberg hat?
   Muss sein ein loser Mann,
   das merk ich ihm schon an.
   Mein Haus ist selber mit Fremden voll an.

Alle

3. Josef, der fromme Mann, weinet und klagt,
   dass er so spat noch kein Herberg nicht hat.
   Bei kühlem Wind und Schnee
   muss dort Maria stehn,
   soll das kein Kummer sein, niemand lasst's ein.

Maria

4. Josef, o Josef mein, nicht so betrübt,
   Gott wird's sein Willen sein, bleibn mir allhier.

Alle

Und in der größten Not
helf uns der höchste Gott,
der uns erlösen kann aus aller Not.

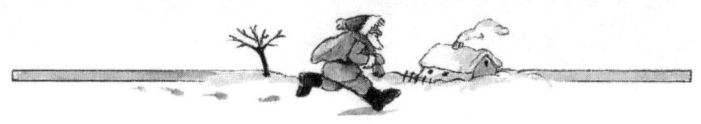

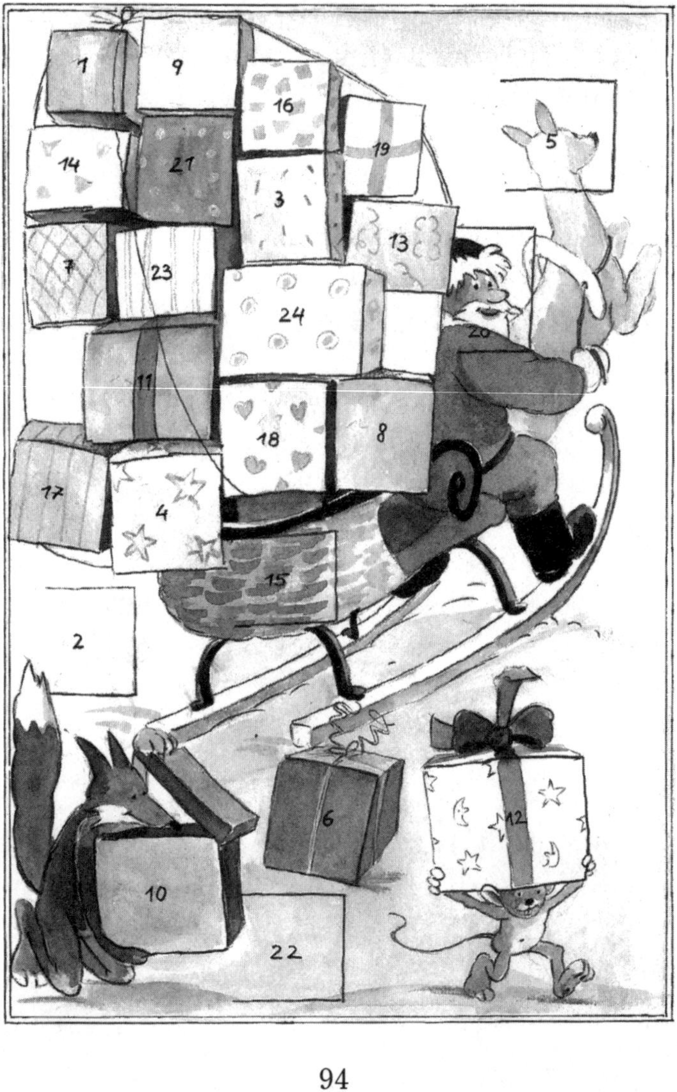
1
9
16
19
5
14
21
3
13
7
23
24
20
11
18
8
17
4
15
2
6
12
10
22

Ich habe einen Adventskalender

Zur gleichen Zeit, wie sich der Adventskranz bei uns allmählich ausbreitete, entstand ein anderer Adventsbrauch: der Adventskalender.

Wie der Adventskranz soll auch er den Kindern das Warten auf Weihnachten etwas leichter machen. Denn schon immer waren die Kinder ungeduldig und nervten die Eltern mit der Frage: Wann ist endlich Weihnachten?

Da waren sie gezwungen, sich allerhand einfallen zu lassen. Sie malten 24 Kreidestriche an einen Türstock. An ihm durfte jeden Tag im Advent ein Strich weggewischt werden. Sie bastelten auch Adventskerzen, die bis zum 24. Dezember abgebrannt wurden.

Besonders originell war das, was sich der junge Münchner Verleger Gerhard Lang ausdachte. Er brachte im Jahre 1908 einen ersten gedruckten Adventskalender heraus. So etwas gab es vorher noch nicht.

Der Adventskalender war ein großes Blatt mit 24 kleinen Feldern, in die jeden Tag Bildchen geklebt werden mussten. Die kleinen Bilder wurden mitgeliefert und sollten auf die nummerierten Felder gesetzt werden. So entstand bis Weihnachten ein schönes Bild. Seinem ersten Adventskalender gab Gerhard Lang den Namen „Im Lande des Christkinds".

Dieser Kalender wurde sowohl von den Kindern als auch von den Eltern begeistert aufgenommen. Gerhard Lang brachte deshalb noch weitere Adventskalender mit anderen Bildern heraus.

Bald machten es ihm andere Verlage nach. Es gab Kalender mit Bildern von der Geburt Jesu und den Hirten von Bethlehem, aber auch mit Märchenbildern.

Heute haben wir eine riesengroße Auswahl von Adventskalendern, die schon Wochen vor dem ersten Adventssonntag angeboten werden.

Wer sich keinen Adventskalender kaufen will, kann sich selbst einen machen.

Ein Adventsfenster

Das ist ein Adventskranz, den jeder machen kann und der besonders schön ist.

Das brauchst du dazu:
Dekoband (erhältlich im Farben- und Hobbyladen) Ton- und Transparentpapier, Bastelstroh, Goldfolie.

Und so wird's gemacht:
Beklebe mit einem Dekoband eine große Fensterscheibe oder die Haustürscheibe so, dass 24 Felder entstehen. Fertige für jedes Feld aus Ton- oder Transparentpapier, Stroh oder Goldfolie ein kleines Bild.

Die Bilder sollen Advents- und Weihnachtsmotive haben, z.B. Sterne, Kerzen, Nikolausstiefel, Lebkuchen, Plätzchen. Vielleicht helfen dir deine Eltern, Geschwister und Freunde bei der Arbeit.

Wenn du Lust hast, kannst du das ganze Adventsfenster mit einem großen Papier abdecken. In das Papier sollten 24 Felder eingeritzt werden um sie Tag für Tag heraustrennen zu können. So wird das abgedeckte Fenster bis Weihnachten ganz hell.

Barbara – die Heilige mit dem Turm

Barbara zählt zu den beliebtesten Heiligen. Das hängt wohl mit dem Brauch der Barbarazweige zusammen, die man an ihrem Namensfest schneidet.

Über das Leben dieser Heiligen wissen wir nur wenig. Da sie aber den Menschen besonders sympathisch war, rankten sich bald viele Legenden um ihr Leben.

Barbara hat zu einer Zeit gelebt, als die Christen von den römischen Kaisern noch verfolgt wurden. Ihr Vater hieß Dioskurus und war ein reicher Kaufmann. Sie lebte in der Nähe der heutigen Stadt Istanbul in der Türkei. Da sie sehr schön war, soll sie ihr Vater in einen Turm eingesperrt haben um sie vor einer Entführung zu schützen. Zu seinem großen Entsetzen

97

kam sie hier aber mit Christen zusammen und entschloss sich auch Christin zu werden.

Als das ihr Vater erfuhr, tobte er vor Wut und wollte seine Tochter töten. Barbara konnte aber entfliehen. Es hatte sich nämlich ein Berg aufgetan, so dass sie ihren Verfolgern verborgen blieb. Als ihr Versteck bekannt wurde, ließ sie ihr Vater enthaupten. Das soll am 4. Dezember des Jahres 306 gewesen sein.

Weil Barbara nach der Legende in einem Berg Zuflucht fand, erwählten sie die Bergleute, die unter Lebensgefahr arbeiten, zu ihrer Schutzpatronin.

Seit Jahrhunderten verehren sie das tapfere Mädchen und feiern am 4. Dezember das Barbarafest.

An diesem Tag ließen sie früher in der Grube ein Licht brennen. Das sollte sie vor einem Tod im Bergwerk bewahren.

Wegen des Turmes, in den sie ihr Vater sperrte, wurde Barbara zur Beschützerin der Türme. Deshalb wird sie auch immer mit einem Turm abgebildet.

Weil ihren Vater der Blitz getroffen haben soll, als er seine Tochter töten wollte, wurde Barbara zur Patronin von allen Berufsgruppen, die mit dem Feuer zu tun haben, z. B. die Schmiede und Feuerwerker. Als Beschützerin verehren sie auch die Architekten, Dachdecker und Gefangenen.

Sie gilt als Helferin bei Blitz, Gewitter und Feuer.

Am 4. Dezember

Gehe in den Garten
am Barbaratag.
Gehe zum kahlen
Kirschbaum und sag:

Kurz ist der Tag,
grau ist die Zeit.
Der Winter beginnt,
der Frühling ist weit.

Doch in drei Wochen,
da wird es geschehn:
Wir feiern ein Fest,
wie der Frühling so schön.

Baum, einen Zweig
gib du mir von dir.
Ist er auch kahl,
ich nehm ihn mit mir.

Und er wird blühen
in leuchtender Pracht
mitten im Winter
in der Heiligen Nacht.

Josef Guggenmos

Barbarazweig

Der Zweig in meiner Hand
ist kahl und nackt und bloß.
Der Zweig in meiner Hand
ist wirklich nicht sehr groß.
Er ist nicht schön.
Er ist ganz hart und ist doch
von besondrer Art.

Den Zweig in meiner Hand
trag ich ins Zimmer rein.
Stell ihn ins Wasser dort;
warm wird es um ihn sein.
Dann steht er bald
in weißer Pracht, trägt Blüten
in der Heil'gen Nacht.

Der Zweig in meiner Hand
zeigt, was die Liebe kann.
Wo sie ist, da fängt schnell
alles zu blühen an.
Es bleibt nichts hart,
nichts kahl, nichts bloß.
Die Liebe macht das Kleinste groß.

Josephine Hirsch

Barbarazweige bringen Glück!

Nach altem Brauch schneidet man am Barbaratag Zweige von Obstbäumen und Ziersträuchern und stellt sie in eine mit Wasser gefüllte Vase ins warme Zimmer. Am besten eignen sich Zweige vom Kirsch-, Pflaumen- und Birnbaum, aber auch vom Forsythien- und Fliederstrauch. Man schneidet sie mitten im Winter, also in einer Zeit völliger Wachstumsruhe, und hofft, dass sie durch die Wärme bis Weihnachten zum Grünen und Blühen kommen.

Früher hängte man an jeden Zweig kleine Schilder mit den Namen aller Familienmitglieder. So konnte man genau beobachten, welche Zweige bis Weihnachten blühten. Ein blühender Zweig bedeutete nämlich Glück.

Damit die Barbarazweige ja Glück brachten, überlegte man früher, wann man sie am besten abschneidet. Manche glaubten, der richtige Zeitpunkt sei am Morgen, manche hielten den Mittag für besonders geeignet.

Bauern- und Wetterregel zum Barbaratag

Geht St. Barbara im Grünen,
kommt's Christkind im Schnee.

Der Nikolaus kommt

St. Nikolaus ist den Kindern vor allem in Süddeutschland wohlvertraut, denn nach altem Brauch besucht er sie jedes Jahr an seinem Namensfest, am 6. Dezember, und beschenkt sie. Er kommt als Bischof, mit rotem Mantel, Bischofsmütze (Mitra) und Bischofsstab und liest aus einem Buch vor, was es zu loben und zu tadeln gibt. Der Nikolaus spricht als Freund der Kinder und will sie nicht erschrecken. Das zeigt er auch, wenn er sie abschließend beschenkt mit Äpfeln, Nüssen, Lebkuchen und anderen süßen Sachen.

In Nord- und Ostdeutschland ist St. Nikolaus weniger bekannt. Hier bringt der Weihnachtsmann die Geschenke. Der Weihnachtsmann hat einen roten Mantel, weißen Bart und Zipfelmütze und unterscheidet sich nicht nur äußerlich vom Nikolaus. Er kommt als heiliger Mann zu den Kindern.

Nikolaus hat wirklich gelebt. Das ist freilich schon lange her. Es war vor 1600 Jahren, als er in der Hafenstadt Myra in der heutigen Türkei als Bischof wirkte. In sehr schwieriger Zeit half er den Menschen, wo er nur konnte. Als sich immer mehr Christen um ihn scharten, wurde er vom römischen Kaiser Diokletian verfolgt und ins Gefängnis geworfen.

Sonst wissen wir nichts mehr über sein Leben. Da

er aber bei den Menschen überaus beliebt und angesehen war, erzählte man sich schon bald mancherlei Geschichten über ihn.

Eine Legende berichtet uns, dass er einmal viele Menschen, die in Seenot geraten waren, gerettet hat. Viele Legenden beweisen uns, dass er besonders ein Herz für die Kinder hatte. Nach einer Legende soll er einmal drei Knaben, die ein Wirt in ein Fass gesperrt hatte, befreit haben.

Wie kam es aber dazu, dass St. Nikolaus jedes Jahr die Kinder besucht?

Dieser Brauch geht auf Nikolausspiele zurück, die im Mittelalter Klosterschüler durchgeführt haben. Sie wählten aus ihrem Kreis einen Mitschüler zum Bischof und zogen mit ihm bettelnd durch die Straßen.

Nikolaus ist einer der beliebtesten Heiligen. Arme, Kinder und Schüler, Apotheker, Bäcker, Flößer, Seeleute, Kaufleute, Müller, Notare, Pilger und Reisende verehren ihn seit Jahrhunderten. Er wird angerufen bei allen Gefahren durch das Wasser. Deshalb gibt es an Flüssen und Seen viele Kirchen, die dem heiligen Nikolaus geweiht sind.

Künstler haben den Heiligen oft als Bischof mit Mitra, Stab und Buch dargestellt. Auf dem Buch sind meist drei goldene Äpfel. Den Grund dafür erfahren wir aus einer Legende.

Wie Nikolaus
drei armen Mädchen half

Von Nikolaus erzählten sich die Leute von Myra viele Geschichten, die zeigten, wie gut er zu den Leuten war. Er half allen, die ihn brauchten.

Einmal hörte er von einem Vater, der all sein Geld beim Glücksspiel verloren hatte. Deshalb konnte er für seine drei Töchter nicht mehr das kaufen, was sie brauchten um heiraten zu können. Doch Mädchen

ohne Mitgift wollte kein Mann zur Frau haben. Deshalb beschloss er, sie als Sklavinnen fortzuschicken, damit sie sich ihr Geld selbst verdienten.

Als Nikolaus von der Not der armen Mädchen hörte, hatte er Mitleid. Wie konnte er als Bischof helfen? Er ging zu reichen Leuten in der Stadt und bat sie um Geld. Und seine eindringlichen Bitten wurden erhört. Sie schenkten ihm viele Goldmünzen. Er füllte sie in drei Säckchen und machte sich bei Dunkelheit zum Haus der armen Mädchen auf. Heimlich warf er nun die Beutel durch das offene Fenster ins Zimmer. Durch die Wucht des Aufpralls riss das Leinen und alle Münzen fielen heraus.

Erschrocken kamen nun die Mädchen herbeigelaufen und erkannten, wer ihnen das viele Geld durchs Fenster geworfen hatte. Da war ihre Freude übergroß. Sie dankten Bischof Nikolaus und weinten vor Glück. Denn nun waren sie nicht mehr arm. Und bald schon fand jedes Mädchen einen Mann.

Als Nikolaus längst tot war, haben sich die Menschen immer wieder diese Geschichte erzählt.

Sie hat auch Künstler zu Bildern angeregt, oft malten sie St. Nikolaus als Bischof mit einem Buch, auf dem drei goldene Kugeln oder Äpfel liegen. Kennst du so ein Bild?

Unheimliche Begleiter von St. Nikolaus

Nach altem Brauch kommt der Nikolaus zu den Kindern nicht allein. Er hat einen Begleiter bei sich, der gar nicht zu ihm zu passen scheint. Es sind finstere, furchterregende Gestalten. Je nach Gegend heißen sie Knecht Ruprecht, Krampus, Pelzmärtel, Klaubauf, Rauchwuckl, Butz oder Rumpelblas.

Diese Begleiter versetzen schon durch ihre Kleidung die Kinder in Schrecken. Ihr Gesicht ist geschwärzt und unheimlich. Sie rasseln mit einer Kette und schwingen bedrohlich eine Rute.

Bei diesen Begleitern des heiligen Nikolaus handelt es sich um Schreckgestalten, die an heidnische Zeiten erinnern. Damals lebten die Menschen gerade in der Vorweihnachtszeit in Angst vor bösen Mächten, die sie durch schreckerregende Gestalten abwehren wollten.

Die unfreundlichen Begleiter des Nikolaus wollen natürlich keine Dämonen mehr abwehren, sondern erzieherisch auf Kinder einwirken. Keineswegs sind sie aber dazu da, um kleine Kinder zu erschrecken.

Bauern- und Wetterregel zum Nikolaustag

Regnet's an St. Nikolaus,
wird der Winter streng und graus.

In der Luciennacht

Am 13. Dezember steht der Name der heiligen Lucia im Namenstagskalender. Lucia lebte vor langer Zeit, ungefähr vor 1700 Jahren, auf der Insel Sizilien. Ihre Eltern waren sehr reich und vornehm und waren stolz auf das schöne Mädchen.

Wie damals üblich, suchten die Eltern einen Bräutigam für Lucia aus. Es war ein junger Mann, der sich in ihre schönen Augen verliebt hatte.

Lucia aber erklärte, sie sei Christin und wolle nicht heiraten. Das erboste ihren Vater so sehr, dass er sie ins Gefängnis stecken, mit Öl übergießen und auf einen brennenden Scheiterhaufen werfen ließ.

Doch die Flammen konnten ihr nichts anhaben. Deshalb wurde sie mit einem Schwert getötet. Über ihrem Grab in der Stadt Syrakus erbauten die Christen eine Kirche.

Nach ihrem Tode wurde die Heilige in Italien, Spanien, Frankreich und Deutschland verehrt. Wegen ihrer schönen Augen machte man sie zur Helferin bei Augenkrankheiten. Sie ist auch die Patronin der Blinden.

Bis vor 400 Jahren war das Lucienfest der Tag der Wintersonnenwende, also der kürzeste Tag und die längste Nacht des Jahres. Die Menschen wussten: Lucia bringt das Licht. Von nun an wächst die Tageslänge wieder. Die finsteren Nächte werden allmählich wieder kürzer.

Nach dem Glauben unserer Vorfahren waren die Nächte im Dezember voll böser Geister und Dämonen. Vor ihnen hatten sie große Angst, besonders in der finsteren Luciennacht. Deshalb dachte man sich Schreckgestalten aus.

Im Bayerischen Wald zog die „Luzelfrau" abends durch die finsteren Gassen und pochte an Fenster und Türen. Die Luzelfrau war ein hässliches, in Lumpen gehülltes Weib. Sie hatte ein furchterregendes Gesicht und zottige Haare. Sie stieß laute Schreie aus und sollte das Böse vertreiben.

Noch heute zünden in manchen Gegenden die Menschen am Lucientag Kerzen an und erzählen sich Geschichten von dem tapferen Mädchen.

Ein großes Fest ist der Lucientag in Schweden. Dort wird sie als Lichtbringerin gefeiert. Weiß gekleidete Mädchen tragen an ihrem Namensfest auf dem Kopf eine Krone aus brennenden Kerzen. Sie wünschen Glück und Segen und besuchen Kindergärten und Schulen, Krankenhäuser und Altenheime. Dabei singen sie Weihnachtslieder.

Wir bauen uns ein Lucienhäuschen

St. Lucia war den Menschen immer eine Lichtbringerin in der dunklen Jahreszeit. Wie früher freuen wir uns auf das Licht, das Lucia in die Adventszeit bringt. Wir zünden in unseren Wohnungen Kerzen an. Besonders schön sind Lucienhäuschen, die wir mit einer Kerze beleuchten.

Dazu brauchst du:
Tonpapier, Transparentpapier, flüssigen Klebstoff, Holzbrettchen, Kerze oder Teelicht.

Und so wird's gemacht:

Zeichne auf dem Tonpapier nebeneinander die vier Seiten eines Hauses, vielleicht sogar des Hauses, in dem du wohnst. Beachte, dass immer zwei gegenüberliegende Seiten gleich lang und gleich hoch sind. Damit man die Teile des Hauses zusammenkleben kann, musst du seitlich und auch unten Laschen (1 cm breit) vorsehen.

Zeichne Fenster und Türen ein, schneide sie mit einer spitzen Schere aus und beklebe sie von innen mit Transparentpapier.

Zuletzt wird das Häuschen auf ein Brettchen geklebt. Stelle in die Mitte des Häuschens eine kleine Kerze oder ein Teelicht hinein. Such für dein Lucienhäuschen einen schönen Platz in der Wohnung, z. B. auf einem Fensterbrett oder Schränkchen, und schalte das elektrische Licht aus, wenn du es anzündest.

Wir feiern Weihnachten

Weihnachtsfreude
unterm Christbaum

Ohne den Christ- oder Weihnachtsbaum können wir uns das Weihnachtsfest gar nicht mehr vorstellen. Er ist am Heiligen Abend der Mittelpunkt im Weihnachtszimmer.

In vielen Liedern besingen wir den Weihnachtsbaum als den schönsten Baum. Aber wie ist der Brauch mit dem Weihnachtsbaum entstanden?

Da müssen wir viele Jahrhunderte zurückgehen. Damals war es bei unseren Vorfahren üblich, in den Wochen vor Weihnachten grüne Zweige, hauptsächlich von Tanne, Buchsbaum, Eibe, Stechpalme und Wacholder, ins Haus zu holen. Mit diesen immergrünen Zweigen wollte man in der Zeit ohne Wachstum Glück ins Haus bringen.

Das drückt auch ein Vers aus dem 15. Jh. aus:

Wer kein grün Tannreis steckt ins Haus,
der meint, er lebt das Jahr nicht aus.

Von dem Brauch mit den grünen Zweigen waren damals die Waldbesitzer nicht sehr begeistert. Sie fürchteten, dass die Wälder ausgeplündert werden könnten.

Deshalb wurde der Brauch mit den grünen Zweigen verboten, was aber nichts nützte: Man stellte weiterhin

grüne Zweige und sogar Bäume in den Stuben auf.

Anfangs waren es noch ganz einfache Bäumchen ohne jeglichen Schmuck. Aber schon bald muss man auf die Idee gekommen sein, sie mit allerlei Sachen zu behängen.

Deshalb konnte ein Reisender im Jahre 1605 in seinem Tagebuch vermerken:

Auf Weihnachten richtet man Dannenbäume zu
Straßburg in den Stuben auf,
Daran henket man Rosen aus vielfarbigem Papier
geschnitten,
Äpfel, Oblaten, Zischgold und Zucker.

Lichter hatten diese Bäume noch nicht, die kamen erst um das Jahr 1700 hinzu. An Lichterbäumen freuten sich schon bald die Fürsten und Herrscher.

So weiß man von der bayerischen Königin Therese, dass sie im Jahre 1830 zu Weihnachten einen Lichterbaum in der Münchner Residenz aufstellte. Bald schon ahmten die Adeligen und auch die Bürger in den Städten das Beispiel ihrer Herrscher nach und schmückten ebenso zu Weihnachten einen grünen Baum. Es dauerte aber noch lange, bis man sich überall in Deutschland für den Weihnachtsbaum begeisterte.

Auf dem Land, vor allem in Bayern, blieb man noch lange bei der Krippe, die man in der Weihnachtszeit in den Wohnungen aufstellte.

Vor etwa 100 Jahren setzte sich der Christbaum aber überall in Deutschland durch. Man schmückte ihn mit Marzipan, Lebkuchen, Äpfeln und Feigen. Später kamen dann Glaskugeln und das Lametta hinzu.

Man konnte aber den Weihnachtsbaum schon immer so schmücken, wie's eben gefällt. Besonders schön ist selbst hergestellter Christbaumschmuck.

Ein Weihnachtslied für die ganze Welt

„Stille Nacht, heilige Nacht!" Es ist das beliebteste deutsche Weihnachtslied, man kennt es aber auch in der ganzen Welt.

Als es entstand, konnte kein Mensch ahnen, dass es nicht nach kurzer Zeit in Vergessenheit geraten würde.

Man schrieb das Jahr 1818, als der Lehrer Franz Gruber kurz vor Weihnachten einen schlimmen Schaden an der Orgel in der Kirche von Oberndorf bei Salzburg feststellen musste: Eine Maus hatte ein Loch in den Lederbalg der Orgel gefressen. Franz Gruber, zugleich auch der Organist in der Pfarrkirche, war ganz verzweifelt: Wie sollte er ohne Orgel zu Weihnachten musizieren?

In seiner Not suchte Franz Gruber am Morgen des Heiligen Abend den Hilfspriester Joseph Mohr auf und klagte ihm seinen Kummer. Dieser wusste sich zu helfen. Er setzte sich hin und dichtete den Text für ein Lied, das man auch ohne Orgel singen könne. Schon nach wenigen Stunden lag der Text auf dem Tisch. Aber es fehlte noch eine Melodie. Diese schuf ebenso schnell der musikalische Lehrer Franz Gruber.

Es war eine sehr einfache, aber innige Melodie. In der Mitternachtsmette kam Franz Mohr auf den Chor und sang zusammen mit seinem Freund zweistimmig zur Gitarre das neue Lied: „Stille Nacht, heilige Nacht!"

Die Leute von Oberndorf waren begeistert von dem Lied, das sie noch nie gehört hatten.

Als ein Orgelbauer aus dem Zillertal nach Oberndorf kam, um die Orgel zu reparieren, fiel ihm das unscheinbare Lied in die Hände.

Er nahm es mit in seine Heimat und zeigte es Sängern, die es gerne vortrugen. Und so dauerte es nicht lange, bis es auch an anderen Orten bekannt wurde.

Bald schon war das Lied von Joseph Mohr und Franz Gruber in ganz Deutschland beliebt und nahm seinen Weg in die ganze Welt. Man übersetzte es in viele fremde Sprachen. Das schlichte Lied aus dem kleinen Oberndorf eroberte die Herzen der Menschen.

Stille Nacht, heilige Nacht!

Stille Nacht, heilige Nacht!
Alles schläft, einsam wacht
nur das traute hochheilige Paar.
Holder Knabe im lockigen Haar,
schlaf in himmlischer Ruh,
schlaf in himmlischer Ruh.

Stille Nacht, heilige Nacht!
Hirten erst kundgemacht;
durch den Engel Halleluja
tönt es laut von fern und nah:
Christ, der Retter, ist da,
Christ, der Retter, ist da!

Stille Nacht, heilige Nacht!
Gottes Sohn, o wie lacht
Lieb aus deinem göttlichen Mund,
da uns schlägt die rettende Stund,
Christ, in deiner Geburt,
Christ, in deiner Geburt!

Kein Platz für zwei in Bethlehem

Personen: Maria, Josef, 1. Wirt, 2. Wirt, 3. Wirt, Wirtin,
         1. Kind, 2. Kind, 3. Kind

1. Kind: Zwei Menschen durch die Straßen gehn,
       sie ziehen still durch Bethlehem.
       Der Tag war lang, der Weg war weit.
       Zum Schlafen wär es nun schon Zeit.

Maria: Du, Josef: schön wär's jetzt daheim,
       wir beide gehn hier ganz allein.
       Die Straßen sind nun menschenleer,
       und heute sorg ich mich so sehr.

Josef: Da brennt ein Licht!
       Komm, sorg dich nicht!
       Wir kehren bei dem Wirt hier ein,
       für heute sind wir hier daheim.
       He, Wirt! Wir kommen von weit her,
       der Tag war lang, der Weg war schwer!

1. Wirt: Ein Zimmer? Wohl für eine Nacht?
       Das habt ihr euch fein ausgedacht!
       Wir sind ein besseres Hotel.
       Geht weiter! Schnell! Und auf der Stell!

Maria: Er hat uns beiden wehgetan.
       Komm, Josef, lass den harten Mann.

Josef: Maria, schau, da ist was frei!
Da gibt es Platz nicht nur für zwei.
Ein Zimmer wolln wir, bitte sehr,
der Tag war lang, der Weg war schwer!

2. Wirt: Sagt mir, was ich nur machen soll.
Wir sind doch heute mehr als voll.
Und übrigens, für unser Haus
schaut ihr mir etwas ärmlich aus.

Maria: Du, Josef, sorg dich nicht so sehr
und nimm das alles nicht so schwer.
Schau doch, dort drüben brennt noch Licht.
Vielleicht verjagt man uns dort nicht.

Josef: Ein Zimmer wolln wir, bitte sehr,
der Tag war lang, der Weg war schwer!

Wirtin: Ein Zimmer wollt ihr? Kommt herein,
bei uns könnt ihr zu Hause sein.
Bei uns da sind noch Zimmer frei,
wir haben Platz nicht nur für zwei.

3. Wirt: Was denkst du nur, du blindes Huhn!
Die Leute wollen doch nur ruh'n!
Die essen und die trinken kaum,
die sollen um was andres schaun!

2. Kind: Das ist doch eine Sauerei!
In Bethlehem kein Platz für zwei?!
Und wieder hab ich festgestellt:
So viele denken nur ans Geld.
Doch vor der Stadt in Bethlehem,
da ist ein Wunder dann geschehn.

Maria: Schau, Josef, hier gibt's einen Stall,
und Stroh liegt hier auch überall.
Komm her zu mir.
Hier bleiben wir.

3. Kind: Und mitten in der kalten Nacht
hat sie das Kind zur Welt gebracht
in Bethlehem im Stalle,
für dich, für mich, für alle.

Bernhard Lins

Wie die Weihnachtskrippe
entstanden ist

Heute steht zu Weihnachten in allen Wohnungen der
Christbaum. Vor 100 Jahren war dies nicht überall der
Fall. Damals stellte man meist eine Weihnachtskrippe
auf. Erst allmählich wurde sie vom Weihnachtsbaum
etwas verdrängt. Heute ist das wieder anders: Immer
mehr Menschen erfreuen sich wieder an der kleinen
Darstellung von der Geburt Christi im Stall von Bethlehem. Doch wie kam es dazu?

Im Mittelalter, also etwa vor 800 Jahren, dachte man
sich Weihnachtsspiele aus, die in Kirchen aufgeführt
wurden. Vom heiligen Franz von Assisi weiß man, dass
er einmal für seine Mitbrüder eine Krippenfeier mitten im Wald machte. In vielen Frauenklöstern wurden
Christkindfiguren aus Wachs mit Tüchern umwickelt
und damit Christkindlspiele mit Gesang durchgeführt.

Seit etwa 400 Jahren gibt es Krippenfiguren, wie wir
sie heute kennen. Die ersten Krippen wurden in Kirchen aufgestellt. Diese gefielen auch manchen Fürsten, die sie in ihrer Residenz in der Weihnachtszeit auf-
bauten.

Besonders schöne Krippen entstanden damals in
Italien, im österreichischen Tirol und in Bayern. Die
Figuren wurden mit wertvollem Brokat bekleidet, so

wie es die großen Künstler von den Fürstenhöfen her kannten.

Vor 200 Jahren erließen der österreichische Kaiser Franz Joseph II. und die bayerische Regierung ein Verbot, Krippen in Kirchen aufzustellen.

Da die Leute aber nicht auf die lieb gewonnene Krippe verzichten wollten, bauten sie zu Hause eine Krippe auf. Viele versuchten auch selbst, Figuren zu schnitzen und aus Wachs zu modellieren. Beliebte Szenen in den Krippen waren: die Herbergssuche, die Anbetung im Stall, die Hirten auf dem Feld, die Flucht nach Ägypten, der Besuch der Heiligen Drei Könige.

Krippen findest du heute in vielen Kirchen, man stellt sie aber auch gern in den Wohnungen wieder auf. Viele Leute basteln selbst eine Krippe. Es macht ihnen Spaß, die Geburt Christi mit Figuren darzustellen.

Hast du das auch schon einmal versucht? Hilfestellung geben viele Krippenbücher, die du in Buchhandlungen und in Büchereien findest. Erkundige dich! Anregungen zum Krippenbauen kannst du dir auf den vielen Weihnachtsmärkten holen.

Weihnachts-Silbenrätsel

ko – ad – le – ru – ten – christ – gel – cia – hir – ze –
vent – ro – ro – hem – dorf – precht – zwei – deisl – se –
beth – ker – pa – lu – ni – obern – ra – en – ge

Bilde aus den Silben Wörter mit folgender Bedeutung:
    1 Blume, die oft zu Weihnachten blüht (10)
    2 Vorweihnachtszeit (5)
    3 ist in der Advents- und Weihnachtszeit sehr wichtig (3)
    4 andere Form des Adventskranzes (6/7)
    5 kamen zum Kind in der Krippe (1/4)
    6 besucht die Kinder bei seinem Namensfest (4)
    7 Heilige aus Sizilien (5)
    8 Begleiter des Nikolaus (6/7)
    9 stellt man am Barbaratag ins Wasser (2)
    10 verkündeten den Hirten die frohe Botschaft (2)
    11 Ort, in dem „Stille Nacht, heilige Nacht!" entstanden ist (9)
    12 Geburtsort von Jesus (2/4)

Schreibe von den gesuchten Wörtern die Buchstaben
auf, wie in den Klammern angegeben. Setze sie zu zwei
Wörtern zusammen, die einen bekannten Wunsch
ergeben. Schreibe diesen Wunsch in das Kästchen.

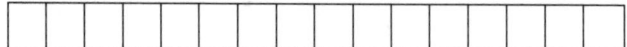

Die Auflösung findest du auf Seite 127.

Weihnachts-Transparentfenster

Das brauchst du dazu:
Schwarzes oder weißes Tonpapier, Transparentpapier oder Seidenpapier, Klebestift, spitze Schere.

Und so wird's gemacht:
Teile das Tonpapier auf drei Teile auf, wie es die Abbildung zeigt, und schneide es so zu, dass drei Fenster entstehen.

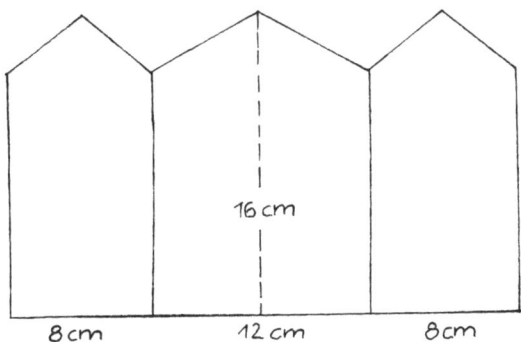

16 cm

8 cm   12 cm   8 cm

Entwirf nun für jedes Fenster kleine Bilder, z. B. Krippe mit Maria und Josef, Hirten, Sterne.

Zeichne diese Bilder auf das Tonpapier und schneide sie mit der Schere aus.

Beklebe nun auf der Rückseite deiner Fenster die ausgeschnittenen Teile mit Transparentpapier. Anstelle des Transparentpapiers kannst du auch buntes Sei-

denpapier nehmen und zwei Schichten übereinander kleben. Dadurch entstehen interessante Farbmischungen.

Stelle das fertige Weihnachtsfenster auf eine Fensterbank und erleuchte es mit einem Teelicht. Du kannst dein Weihnachtsfenster aber auch an einem Fenster in der Wohnung befestigen.

Feuerwerk in der Silvesternacht

Am 31. Dezember geht nach unserem Kalender das Jahr zu Ende. Dieser Tag ist allgemein als „Silvester" bekannt, weil an diesem Tag das Namensfest des heiligen Silvester gefeiert wird.

Es ist aber ein reiner Zufall, dass gerade diesem Heiligen der letzte Kalendertag zugefallen ist.

Silvester war ein Papst, der vor 1600 Jahren in Rom

lebte. Die vielen Bräuche an diesem Tag haben nichts zu tun mit seiner Person. Es sind Bräuche, mit dem die Menschen seit eh und je die Jahreswende feiern: das Ende des alten und den Beginn des neuen Jahres.

Schon immer halten die Menschen am letzten Tag des Jahres Rückschau auf die vergangene Zeit. Sie denken an Erfreuliches und Schönes, aber auch an traurige Ereignisse im letzten Jahr. Sie machen sich aber auch Gedanken: Was wird wohl das neue Jahr bringen? Um etwas über die zukünftige Zeit zu erfahren, haben sie sich mancherlei ausgedacht.

Besonders beliebt ist das Bleigießen am Silvesterabend. Dabei bringt man über einer Kerzenflamme Blei zum Schmelzen und schüttet es danach in kaltes Wasser. Aus den sich bildenden Figuren glaubt man ablesen zu können, ob das neue Jahr gut wird.

Auf dem Land zählt die Silvesternacht zu den zwölf Raunächten zwischen Weihnachten und Dreikönig. In diesen Nächten fürchteten sich früher die Menschen vor Dämonen, die Unheil bringen könnten. Um die bösen Geister abzuwehren räuchert man noch heute die Wohnräume, den Stall und die Scheune mit Weihrauch aus, den man auf glühende Holzkohle legt.

Die letzten Stunden eines Jahres verbringen die Menschen gern mit Freunden. Sie sind lustig und feiern das Jahresende mit guten Speisen und alkoholi-

schen Getränken. Besonders beliebt sind Punsch und Glühwein.

Wenn es 24 Uhr ist, läuten überall von den Türmen die Glocken. Dann ist Jahreswende. Man prostet sich mit einem Glas Wein oder Sekt zu und wünscht sich gegenseitig ein gutes neues Jahr.

Oft sind die mitternächtlichen Glocken kaum mehr zu hören, denn in Stadt und Land werden zahllose Leuchtraketen, Knallfrösche und Kracher in die Luft gejagt. Das erzeugt einen Höllenlärm. Der nächtliche Himmel wird von einem gewaltigen, aber sehr kostspieligen Feuerwerk erhellt. Damit will man alles Böse im neuen Jahr fern halten.

Wer's nicht so laut mag, freut sich an den Klängen der Bläser, die um Mitternacht von vielen Türmen mit feierlichen Weisen das neue Jahr verkünden.

In der Oberpfalz zog früher nach Mitternacht der Nachtwächter mit Hellebarde und Horn durch die Straßen und rief laut seine Glückwünsche in die dunkle Nacht:

Zum neuen Jahr, das jetzt beginnt,
weil's alte nun ein Ende nimmt,
euch allen Groß und Klein
wünsch' ich viel Glück und Freud.

Auflösungen der Rätsel

Erntedank-Rätsel (S. 73)

1 Rebe
2 Karotte
3 Bohne
4 Zwetschge
5 Kopfsalat
6 Kürbis
7 Birne

8 Endivien
9 Zwiebel
10 Rettich
11 Walnuss
12 Sellerie
13 Pflaume
14 Kartoffel

Martinsrätsel (S. 84)

Waagrecht: Martin, Gans, Tor, Name, Bettler, Leid, Eis, Dank, Bischof.
Senkrecht: Mantel, Stall, Mitleid, teilen

Weihnachts-Silbenrätsel (S. 122)

FROHE WEIHNACHTEN

Aus den Silben entstehen die Wörter:

1 Christrose
2 Advent
3 Kerze
4 Paradeisel
5 Hirten
6 Nikolaus

7 Lucia
8 Ruprecht
9 Zweige
10 Engel
11 Oberndorf
12 Bethlehem

Quellennachweis

Josef Guggenmos: „Am 4. Dezember"
aus: Josef Guggenmos
Ich will dir was verraten
© 1992 Beltz Verlag, Weinheim und Basel
Programm Beltz & Gelberg, Weinheim

Bernhard Lins: „Erntedank", „Advent", „Kein Platz für zwei in
Bethlehem"
aus: Berhard Lins
Das Jahr lacht unterm Regenschirm
© Verlagsanstalt Tyrolia, Innsbruck

Josephine Hirsch: „Barbarazweig"
aus: Josephine Hirsch
Freut euch und singt!
© Verlag Neue Stadt, Oberpframmern bei München